인터뷰 잘 만드는 사람

인터뷰 잘 만드는 사람

김명수 지음

중앙생활사

밥 먹고 숨쉬듯 인터뷰와 글쓰기를 해오고 있지만 인터뷰와 글쓰기는 여전히 어렵다. 그러면서도 인터뷰와 글쓰기를 계속하는 이유는 오늘보다 내일 더 좋은 글을 쓸 수 있다는 기대감 때문이다.

인터뷰 전문기자로 그동안 1,000여 명을 인터뷰하면서 우리 사회의 모델이 될 만한 인물의 마음 밑바닥까지 들어갔다 나왔다. 정보가 생명인 시대에 정보의 원천에 다이렉트로 들어가 그들의 마음을 속속들이 훔쳐봤다.

세상에는 수많은 사건 사고가 있지만 누가 뭐래도 세상을 움직이는 중심은 사람이다. 그들을 인터뷰할 때마다 살아 있음을 느끼고 가슴이 뛴다.

세상은 지금 말 잘하고 글 잘 쓰는 사람이 성공하는 자기표현 시대로 변했다. 인터뷰를 잘하고 글쓰기에 능하면 논리성이 발달하여 화술(스피치)이 좋아지고 의사소통은 저절로 이루어진다.

성공한 사람 10명을 인터뷰하면 성공한 사람 10명의 머리로 움직이는 사람이 된다. 10명의 성공 노하우가 담긴 책을 읽으면 그들의 성공 노하우가 나의 경쟁력이 된다.

빠르게 변하는 세상에서 하나와 또 다른 하나가 더해지면 둘이 아니라 그 이상의 더 큰 시너지를 내듯이 앞으로는 말 잘하고 글 잘 쓰는 사람이 절대적으로 유리하다.

커뮤니케이션의 중요성이 갈수록 커지는 추세에서 인터뷰와 글쓰기는 이제 누구라도 피해갈수 없는 시대가 되었다.

어차피 피할 수 없다면 즐기는 마음으로 시작하라. 이미 늦었다고 한숨만 쉬고 있을 때가 아니다. 시간은 우리를 기다려주지 않는다.

우리는 살면서 못하는 것이 아니고 안 하는 것이다. 해보지도 않고 못한다고 미리 선을 그어놓고 정해진 길만 가려고 한다. 그렇게 평생을 살다 보니 자신에게 주어진 능력의 10%도 발휘하지 못하고 평범하게 살다가 죽는 게 아닐까.

모든 분야에 멘토가 필요하듯이 인터뷰와 글쓰기에도 자신이 닮고 싶은 롤 모델이 있어야 한다. 10년 넘는 세월을 인터뷰와 글쓰기에 빠져 살아오면서 터득한 노하우를 알리고 싶어 이 책을 썼다.

책상에서 해박한 지식으로 머리만 굴려서 쓴 이론서가 아니라 현장 냄새 풀풀 나는 체험서라는 점을 강조하고 싶다.

김명수

인터뷰 잘 만드는 남자
김명수가 미치도록 인터뷰에 빠져 사는 이유

어느 날 얼굴도 이름도 모르는 사람으로부터 전화를 받았다. 다급하게 울먹이는 목소리로 10분만 통화할 수 있는 시간을 내달라고 했다. 사연인즉 지방에서 활동하는 여기자로 인터뷰 기사를 쓰다가 꽉 막혀서 어디서부터 어떻게 풀어나가야 할지 몰라 답답한 마음에 인터넷을 검색하여 김명수 기자에게 길을 묻고자 염치 불구하고 무조건 전화를 걸었다고 했다.

인터뷰이(interviewee : 인터뷰 대상자)를 2차례나 만나 10시간을 취재하고도 모자라 20여 차례 전화로 보충 취재를 했지만 워낙 활동분야가 많은 사람이라 도저히 기사 방향을 못 잡겠다는 여기자의 속 타는 심정을 당해보지 않은 사람은 모른다. 필자는 이러한 전화를 종종 받는다.

한 번은 방송을 진행하는 아나운서로부터 뼈 있는 말을 들었다. "방송을 진행하다 보면 원고가 좋아야 하는데 김명수 기자가 속이 뻥 뚫리는 시원한 멘트와 대본을 써주면 안되겠느냐"라고 하소연했다. 때로는 죽기 살기로 파고드는 프로선수라도 막히고 답답할 때가 있다. 프로도 그러니 일반인들이야 두말하면 잔소리이다.

사람은 누구나 글도 잘 쓰고 말 또한 잘하고 싶어 한다. 그럴 수만 있다면 오죽 좋으련만 사실은 그리 되기가 쉽지 않다.

말 잘하는 사람은 단순하게 언변이 좋다는 수준을 뛰어넘어 의사 전달 능력이 탁월하고 스피치에 강한 사람이다. 스피치의 핵심은 경청이다. 말을 잘하기 위해서는 남의 말을 최대한 귀기울여 들어주고 이해하는 능력을 키워야 한다.

경청의 달인은 상대방의 말을 집중해서 듣고 맛깔스러운 글로 풀어내어 독자에게 전달하는 인터뷰 기자가 아닐까 싶다. 이를테면 상호 신뢰를 바탕으로 상대방의 말을 잘 들어주고 언행(言行)이 일치하며 인터뷰를 잘하는 사람이 그런 사람이다.

인터뷰를 잘하고 글쓰기에 능하면 논리성이 발달하여 화술(스피치)이 좋아지고 의사소통은 저절로 이루어진다.

뭐든지 막히면 문제가 생기고 소통하면 풀린다. 때와 장소를 가리지 않고 인터넷만 연결하면 커뮤니케이션이 즉석으로 이루어지는 글로벌세상에서 피부색과 문화가 다른 사람이라도 공통 언어로 소통하는 순간 마음의 문이 열리고 시공을 초월한 이웃사촌이 된다.

평생을 한 동네에 붙어살더라도 소통 없이 지내는 '무늬만 이웃사촌'이라면 멀리 떨어져 인터넷으로 소통하는 '먼 거리 이웃사촌'만 못하다.

강력한 의사소통 수단 두 가지를 뽑으라면 단연 인터뷰와 글쓰기이다. 두 가지 중에 하나만 잘해도 대접받는 세상에서 인터뷰와 글쓰기를 모두 잘하면 이 시대 최고의 경쟁력을 갖춘 소통의 달인이라 할 수 있다.

남이야 죽건 말건 저 혼자만 잘났다고 우쭐대는 독불장군이 아니라면 세상을 살아가면서 인터뷰는 이제 선택이 아닌 필수가 되었다.

입사시험이나 입학시험에서 필기평가를 통과했더라도 최종 합격 여부는 면접 인터뷰에 달렸다. 미국 여행 비자를 받으려 해도 인터뷰를 거쳐야 함은 물론이고 맞선을 보더라도 상대방 부모님의 마음을 사로잡기 위해서는 상견례를 겸한 첫 대면에서 인터뷰에 해당하는 면접을 잘해야 한다.

세일즈맨이 고객에게 자사 물건을 팔더라도 인터뷰를 잘해야 성사가능성이 높다. 직장에서 다반사로 이루어지는 프레젠테이션도 마찬가지이다.

회사에서 주최하는 투자설명회로 회사의 흥망성쇠가 달린 사업자금을 끌어 모으는 지름길은 사람의 마음을 움직일 수 있는 인터뷰를 잘해야 한다. 인터뷰를 잘하고 글쓰기에 능하며 스피치까지 받쳐주면 금상첨화이다.

스피치와 글쓰기는 자신을 끌어올리는 강력한 무기이다. 글 잘 쓰는 사람은 많다. 기자, 작가만 해도 부지기수이다. 말 잘하는 사람은 더 많다. 정치인, 변호사, 아나운서, 목사, 전도사, 세일즈맨 등 헤아릴 수 없다. 그렇지만 말을 잘하는 동시에 글까지 잘 쓰는 사람은 찾기 힘들다.

다양한 장르의 학문이 어우러져 더 큰 빛을 발하는 융합시대에 미래의 경쟁력을 키울 수 있는 해답이 바로 여기에 있다.

빠르게 변하는 세상에서 하나와 또 다른 하나가 더해지면 둘이 아니라 그 이상의 더 큰 시너지를 내듯이 앞으로는 말 잘하고 글 잘 쓰는 사람이 절대적으로 유리하다. 커뮤니케이션의 중요성이 갈수록 커지는 추세이기 때문에 더욱 그렇다.

어차피 피할 수 없다면 즐기는 마음으로 시작하라. 이미 늦었다고 한숨만 쉬고 있을 때가 아니다. 시간은 우리를 기다려주지 않는다. 늦었다고 생각하는 지금 이 순간이라도 뛰어들지 않으면 더 나이를 먹어 흘러간 과거로 남을 바로 지금 이 순간을 또 후회할 뿐이다. 시작이 반이라고 했다.

그렇다고 욕심만 부려서 이루어질 일이 아니다. 의욕만 가지고는 뭔가 부족하다. 무조건 노력만 한다고 달인의 경지에 오를 수는 더더욱 없다. 그렇다면 어떻게, 무슨 방법으로 글쓰기와 스피치를 모두 섭렵한단 말인가?

한 가지만 잘하기도 어려운 현실에서 어떻게 두 마리 토끼를 다 잡을 수가 있을까 그것이 문제이다. 정녕 꿈에서나 가능한 일은 아닐까?

절대 그렇지 않다. 현실에서 못할 것도 없다. 단지 전문가의 조언이 필요할 뿐이다. 인터뷰를 잘하려면 스킬이 필요하다. 모든 분야에 멘토가 필요하듯이 인터뷰와 글쓰기에도 자신이 닮고 싶은 롤 모델이 있어야 한다. 필자는 10년 넘는 세월을 인터뷰와 글쓰기에 미쳐서 살아왔다.

흘린 땀은 반드시 결실로 돌아온다. 필자의 경우만 해도 그렇다. 1,000명을 인터뷰한 최다 인터뷰 전문기자로 한국기록원에서 주최하는 제1회 대한민국 기록문화 대상(大賞)을 수상했다.

또한 안희재 아나운서가 진행하는 KBS 라디오 '나의 삶 나의 보람' 프로그램에 출연하여 1회 40분씩 2회에 걸쳐서 1,000명을 인터뷰한 인터뷰 전문기자 겸 작가로 활동하는 필자의 삶이 12월 12일(월)~13일(화) 이틀간 전파를 타 전국에 소개되기도 했다.

Chapter

03

성공! 실전 인터뷰 ·····92

Chapter
04

인터뷰를 잘해야 성공하는 시대·····118

Chapter

01

인터뷰 | 비결은 | 의외로 | 쉽다

인터뷰 글쓰기를 원하는 초보자라면 시작단계로 가까운 사람부터 인터뷰를 시도해보라. 가족도 좋고, 친구도 좋다.

처음에는 어색하겠지만 그들의 이야기를 진지하게 귀담아듣고 메모하라. 그리고 글로 옮겨보라.

인터뷰어는 마중물이 돼야 한다

인물 인터뷰와 글쓰기가 내 인생의 전부라는 생각으로 인터뷰를 하고 글을 써왔다. 사람과 사람이 만나 의사를 주고받는 자체가 넓은 의미에서 보면 인터뷰이고 소통이다. 인터뷰를 글쓰기로 풀어내면 더 큰 소통이 된다. 고로 인터뷰 글쓰기는 소통이다.

인터뷰를 할 때 변하지 않는 필자 나름의 철칙이 있다. 질문이 아니라 대화를 한다. 인터뷰할 때 질문이라는 말을 절대로 안 쓴다. 마음을 툭 터놓고 자연스럽게 말문을 열어 이야기를 주고받는다. 만나자 마자 유머와 익살로 인터뷰 대상자를 껄껄 웃게 만드는 이유 또한 그 때문이다.

딱딱하게 묻고 대답하는 방식으로 진행되는 인터뷰는 인터뷰이가 부담을 느낄 뿐만 아니라 자동응답기나 ARS처럼 너무 기계적이고 수동적이다. 나는 인터뷰할 때마다 내가 먼저 말을 건다. 내 주장을 펼치기 위해서 하는 말이 아니다. 상대방의 말을 이끌어내기 위해서 던지는 말이다. 소통을 위한 일종의 마중물이다.

마중물이 무엇인가. 수도가 안 들어오던 시절 농촌에 가면 집집마다 관정(管井)을 깊이 파서 펌프를 설치하여 땅속에 흐르는 지하수를 끌어다 썼다. 지하수를 끌어올리기 위해 처음 펌프질을 할 때는 수압이 약해서 펌프 물이 밑으로 빠져 헛손질을 한다.

그럴 때 펄프에 먼저 물을 한 바가지 붓고 펌프질을 해야 지하수를 끌어올릴 수 있다. 이 한 바가지의 물이 순우리말로 마중물이다. 말 그대로 물을 맞이하는 물이라는 뜻이다. 그 마중물에 의해 처음 올라오는 물을 대통물이라고 한다.

소통은 저절로 이루어지지 않는다. 상대방이 마음의 문을 열어주기를 기다리지 말고 내가 먼저 노력해야 한다.

아무리 오랜 기간을 알고 지내는 사람이라도 마음에 담아둔 생각까지 속속들이 알 수는 없다. 가까운 친구라도 할 말이 있고 안 할 말이 있다. 자기 뱃속으로 낳은 자식도 마찬가지이다.

그런데 인터뷰어(interviewer: 인터뷰 진행자)는 예외이다. 인터뷰어가 꼭꼭 닫힌 마음의 문을 활짝 열어놓으면 굳이 질문을 하지 않아도 인터뷰이 스스로 자신의 가장 속 깊은 이야기를 마법에 걸린 사람처럼 자기 입으로 술술 털어놓는다.

그러다 보니 필자를 보고 현관문에 걸린 자물쇠를 열고 방 안에 들어가듯 사람들의 속을 꿰뚫어 보는 심미안을 가졌다고 말하는 사람들이 많다.

혹자는 말한다. 처음 만난 사람들에게조차 어찌 그리 가슴속에 품고 있는 마음 보따리를 콕콕 찍어내는지 그 비결을 알고 싶다고 정색을 하고 물어보는 사람도 있다. 그 비결은 바로 마중물이다.

　한 바가지의 마중물이 땅속 깊이 흐르는 지하수를 끌어올리는 이치와 같이 인터뷰에 있어서도 상대방의 마음을 활짝 열어젖히는 소통의 마중물이 필요하다. 상대방의 마음을 열기 위해서는 내가 먼저 열어야 한다. 너무나도 평범하고 당연한 원리지만 백번 강조해도 부족함이 없는 말이다.

인터뷰는 누구나 할 수 있다

보통 인터뷰 하면 기자나 작가 등 전문가들이 직업적으로 하는 글쓰기라고 생각하기 쉽다. 하지만 꼭 그렇지만은 않다. 결론부터 말하면 누구라도 인터뷰 글쓰기가 가능하다. 인터뷰 전문가가 되는 길에 특별한 노하우는 없다.

도전하라. 쇠뿔도 단김에 빼라고 인터뷰 글쓰기는 실천이 중요하다. 시작이 반이다. 우선 가까운 사람부터 들이대 인터뷰를 시도해보라. 가족도 좋고 친구도 좋다.

처음에는 "내가 유명한 사람도 아닌데 무슨 인터뷰를 한단 말이야?" 하고 쑥스럽고 무안하여 사양할 수도 있다. 그럴 때 물러서지 말고 과감하게 밀고 나가라. 진정으로 인터뷰 글쓰기를 원하는 초보자라면 시작단계로 꼭 거쳐야 할 관문이다.

인터뷰 전문기자도 아니면서 주변 사람을 인터뷰하기가 낯설고 어색하겠지만 이해가 가도록 상황 설명을 하고 인터뷰 대상자를 선정하여 그들의 이야기를 진지하게 귀담아들어보라. 열혈팬 못지않게 자신의 이야기를 열심히 들어주는 사람이 있다는 사실에 스스로 감격하고 기분 좋아한다. 시간이 지나면 이야기 삼매경에 빠져 미주알고주알 다 나온다.

그러면 메모를 하고 가능한 빠른 시간에 글로 옮겨보라. 사람은 누구나 인터뷰 주인공이 될 수 있다. 그리고 자신의 일대기를 한번쯤 정리할 필요가 있다. 이 세상의 주인공은 뭐니 뭐니 해도 자기 자신이다.

감동을 주는 인터뷰는 나의 천직

◆

필자의 별명은 활명수이다. 필자가 인터뷰한 인터뷰이가 활명수 같은 존재라면서 김명수 기자에게 딱 어울린다고 붙여준 별명이다. 지치고 기운 빠져 있을 때 피로를 풀어주고 활기를 불어넣는 활력 회복제를 뜻하는 이 별명이 필자는 싫지가 않다.

싫기는커녕 이 별명을 들으면 오히려 기분이 좋아지고 인물 인터뷰 전문 기자로서 역사의 한 페이지를 장식할 기록을 남긴다는 자부심이 샘솟는다. 기록이 없으면 역사도 없다. 인물도 마찬가지이다.

인물 인터뷰 기사는 인물에 대한 기록이다. 또 하나 자부심은 정체성을 찾아준다는 점이다. 인터뷰를 통해서 잃어버린 이름을 찾아준다. 단적으로 아파트 청소아줌마가 있다.

아파트에서 수십 년을 쓸고 닦고 청소해도 주민들은 이름 대신 청소아줌마라고 부른다. 주부들도 마찬가지이다. 한동네에 이웃사촌으로 붙어살면서도 실명을 모르고 아이 엄마라고 많이 부른다. 그런 여성들을 인터뷰하여 실명을 불러주면 처음에는 어색해하지만 시간이 지나면 굉장히 좋아한다. 이름을 불러준다는 그 자체만으로도 잃어버린 자신의 정체성을 다시 찾아주는 효과가 있다.

감동을 주는 인터뷰 전문기자로서 명성을 얻었지만, 나 역시 처음부터 그렇지는 않았다. 취미를 직업으로 삼아 열심히 쓰다 보니 여기까지 왔다.

아주 오래전에 시한부 소년시인을 인터뷰했다. 그 기사가 큰 호응을 받았다. 이를테면 독자들에게 울림을 주는 기사였다. 나로서는 운이 좋았다. 그 소년의 삶 자체가 감동이고 울림이었다. 나는 그저 그 소년의 삶을 그 소년의 입장에서 무아지경의 상태로 글을 썼을 뿐이다. 내가 감동 인터뷰 글쓰기를 잘하는 이유는 내가 유능하거나 잘 나서가 아니다.

역경을 딛고 치열한 노력 끝에 성공이라는 위치에 오른 사람에게는 듣는 이의 마음을 움직이는 스토리가 있고 울림이 있다. 온갖 고난을 딛고 뭔가를 성취한 사람의 이야기를 듣다보면 가슴 찡한 감동과 전율을 느낀다. 그가 살아온 삶 자체가 한 편의 감동 드라마이자 소설이고 영화이다. 그러한 사람을 인터뷰하면서 필자는 배운다. 기자라는 생각을 버리고 한 수 배운다는 자세로 인터뷰를 한다.

인터뷰하러 갈 때는 내 일생에 딱 한 번 배울 수 있는 절호의 찬스가 바로 지금 인터뷰하는 순간이라는 생각으로 만난다. 그러니 인터뷰하는 순간에 집중하고 몰입할 수밖에 없다. 말 한마디 숨소리 하나까지 모두 담아내려고 노력한다.

인터뷰라는 만남을 통해 세상에서 오직 그 사람만이 소유하고 있는 지식을 한 가지라도 확실하게 배우겠다는 의지가 넘친다. 독자를 대표하는 수강생이자 관객의 마음가짐으로 독자들이 정말 궁금한 핵심을 묻기 위해서 처음부터 끝까지 긴장의 끈을 놓지 않는다. 인터뷰가 끝나고 돌아올 때는 언제나 가슴이 뜨겁게 부풀어 오른다. 그리고 나도 저런 삶을 살아야지 다짐한다.

인터뷰를 하러 갈 때나 인터뷰를 마치고 나올 때나 변함없는 생각이 있다. 인터뷰 전문기자를 천직으로 살아가가기를 정말 잘했다는 생각이다. 그런 의미에서 필자는 타고난 인터뷰 전문기자라고 감히 자부한다. 인터뷰 전문기자라는 직업을 단 한 번도 후회해본 적이 없다.

인터뷰할 사람이 있다면 아무리 힘들고 어려워도 '천릿길'을 마다하지 않고 기쁜 마음으로 달려갔다. 인터뷰 주인공을 발굴하기 위해 비가 오나 눈이 오나 바람이 부나 1년 365일 24시간 촉각을 곤두세우고 살아간다.

세상을 바꾸는 성공 롤 모델 인터뷰

◆

바야흐로 정보 홍수시대이다. 인터넷 검색만 해도 옥석을 가리기 힘든 정보가 쉴 새 없이 올라와 머리가 어지러울 지경이다. 신문은 또 어떤가. 펼치는 지면마다 깨알 같은 기사가 흘러넘친다. 그러나 독자들의 시선을 잡아끄는 기사는 정작 따로 있다.

인터뷰 기사이다. '칼' 보다 강한 '필(筆)의 힘' 으로 진솔하면서도 흥미롭게 풀어내는 인터뷰 기사는 꼭꼭 숨어있는 인터뷰 주인공들의 속마음을 고스란히 볼 수 있는 재미와 감동을 준다.

세상에는 수많은 사건 사고가 있지만 누가 뭐래도 세상을 움직이는 중심은 사람이다. 삶의 모델이 될 만한 가치가 있는 사람들의 마음속에 꼭꼭 숨어있는 감동 스토리를 진솔하면서도 감칠맛 나게 담아내는 인터뷰 기사는 가슴에서 가슴으로 전해지는 울림이 있다. 다양한 형태로 등장하는 사람들의 삶을 구구절절이 풀어낸 인터뷰 기사를 읽으면서 독자들은 자신의 처지와 비슷한 동질감과 묘한 카타르시스를 동시에 느낀다.

"내가 나를 모르는데 넌들 나를 알겠느냐?" 어느 가수의 노랫말 가사가 말해주듯 불신(不信)이 극에 달해 눈뜨고도 코를 베어간다는 세상이다.

학연, 지연, 혈연이 판치는 세상에서 아무런 연고가 없으면서도 인터뷰라는 이름으로 평생 딱 한 번 만나 이야기를 나눈다는 사실 하나만으로 끈끈한 평생 인연을 맺는다면 대단한 일이 아니겠는가. 그것도 고작 한두 시간 길어야 서너 시간 만남만으로 인연을 만들 수 있다.

한 아파트에 살면서도 대화가 단절되고 불신풍조가 만연하여 서로를 믿지 못하는 사회에서 몇 시간 주고받는 이야기만으로 처음 만난 사람의 마음을 사로잡고 끈끈한 평생 인연을 맺는다는 사실은 인터뷰 기자의 특권이다.

지난 2010년 투자귀재 '워런 버핏과의 점심' 경매가 263만 달러(약 33억 원)에 낙찰되어 큰 화제를 모았다. 일반인이 허리띠를 졸라매고 평생을 악착같이 모아도 만져보기 힘든 거액을 점심 한 끼 때우는 비용으로 선뜻 지불하고 나서도 버핏 회장과 식사를 함께한 사람들은 그 돈이 전혀 아깝지 않았다고 말한다.

이유는 간단하다. 오직 한 번뿐인 내 인생 최고의 롤 모델과 점심식사를 같이 하면서 버핏 회장의 인생관과 투자 철학을 직접 들을 수 있는 절호의 기회였기 때문이다.

인터뷰 기자는 세상 사람들이 그토록 비싼 대가를 치르면서까지 자리를 함께하기를 원하는 롤 모델을 '연필 한 자루'만 달랑 손에 쥐고도 만날 수 있다. 지위고하를 막론하고 누구라도 성역 없이 만날 수 있다는 이유만으로도 한 번쯤 인터뷰 전문기자에 도전해볼 만하다.

모험심과 호기심의 DNA를 타고난 필자는 가장 잘할 수 있는 글쓰기 능력을 마음껏 발휘하면서 살아가고 있음을 최고의 축복으로 여기고 있다. 인터뷰를 위해서라면 24시간을 미친 듯이 싸돌아다녀도 지치지 않는 부지런함을 부모로부터 물려받았음을 자랑스럽게 생각한다.

아무리 금은보화가 흘러넘치고 부귀영화와 맞바꾸자 해도 인터뷰어라는 천직을 절대로 포기할 수 없는 필자는 지금도 왕성한 현재 진행형이다.

왕년에 뭐 했다가 아니라 10년 전에도 가장 하고 싶은 일을 해왔고, 지금도 기쁘고 즐거운 마음으로 인터뷰와 글쓰기에 흠뻑 빠져지내고 있다. 오늘 하루가 내 인생의 전부라는 생각으로 지금 현재의 순간에 젖 먹던 힘까지 쏟으며 최선을 다해 살아가려고 노력하고 있다.

무슨 일과 100번을 경합해도 오직 한 길을 걸어왔다. 돈과 권력과 명예와 충돌해도 다른 모든 유혹을 과감하게 포기하고 기쁜 마음으로 인터뷰어를 선택했다. 지금까지 그래왔듯이 앞으로도 가장 하고 싶은 인터뷰와 글쓰기를 하면서 살아갈 작정이다.

온몸으로 맞부딪쳐라

나는 오늘 하루가 끝나기 전에 내일을 생각하지 않는다. 지금 내가 맞고 있는 오늘 하루 지금 이 순간에 나의 모든 에너지를 집중하기 위해서다. 그런 생각과 가치관으로 하루하루를 살다보면 오늘이 과거가 되고 내일이 오늘이 되고 결국은 내 인생 전체가 쭉정이가 아닌 알곡으로 꽉 찬 삶이 되리라고 확신한다.

지금 가장 가치 있는 일에 내 인생을 '올인' 하고 내게 주어진 오늘 하루, 지금 이 순간을 행복하고 즐겁게 살다 보면 마지막 죽는 순간에도 후회 없이 웃으면서 생을 마감할 수 있다는 확신이 있다. 그렇기 때문에 어느 한 순간도 낭비할 수 없다.

필자는 생명력이 펄펄 살아 숨쉬는 글을 쓰기 위해서 거친 일을 자청하며 삶의 체험을 꾸준히 병행해오고 있다. 노숙자가 사회 문제로 부각되기 훨씬 이전에 노숙자 대열에 끼어서 홈리스로 일주일 체험도 해봤다.

그런가 하면 식당 접시 닦기 6개월, 막노동 2개월, 엑스트라 2개월, 택배

1주일, 아파트 경비 등 몸으로 하는 일에 기꺼이 뛰어들어 고달픈 현실의 쓴 맛을 진하게 체험했다.

젊었을 때 잠깐 겪은 왕년의 경험이 아니라 50대 중반의 지금 현재도 몸으로 때우는 일을 마다하지 않고 있다. 아파트 경비를 2011년 10월까지 3년 넘게 했다. 그것도 대충대충 설렁 설렁이 아니다. 주어진 일에 최선을 다하며 열심히 살고 있다. 그 결과 한해를 마감하는 2008년 연말에는 내가 속한 A조 전체 경비 근무자 25명을 대표하는 모범 사원으로 뽑혀 주민들의 눈도장을 확실하게 찍었다.

그런 일을 마다하지 않는 이유는 오직 하나이다. 인터뷰 전문기자로서 다양한 삶을 살아가는 사람들의 삶의 체험 속으로 과감하게 뛰어들어 그들 내면의 삶을 생생하게 느껴보고 싶어서이다.

참신하고 다양한 인생의 롤 모델을 끊임없이 발굴해서 인터뷰 주인공으로 피플코리아(www.peoplekorea.co.kr)에 소개하는 순간 나만의 짜릿한 전율과 쾌감을 만끽한다.

필자는 머리만 굴려서 쓰는 글보다 온몸으로 쓰는 글을 선호한다. 아무리 천하의 문장가라 해도 현장에서 체험한 글을 이겨낼 수 없다는 것이 나의 확고한 글쓰기 철학이다. 살아 숨쉬는 기사를 쓰기 위해 목숨을 건다. 그런 열정과 집념을 가지고 인터뷰 기사를 쓰는 기자라는 말만 들어도 기분이 좋다.

실수를 통해 완벽해진다

나는 완벽을 기대하지 않는다. 인간이 아무리 탁월한 능력을 발휘해도 완벽에 도달하기는 불가능하다고 생각한다. 한마디로 인간에게 완벽은 없다고 본다. 어쩌면 나 자신의 무능을 합리화시키기 위한 궤변일지도 모른다. 그래도 내 인생 사전에 완벽은 없다는 생각에는 변함이 없다. 덕분에 완벽해지려는 스트레스를 받지 않는다. 아무리 노력해도 완벽해질 수는 없지만 완벽해지려고 피나는 노력을 계속할 뿐이다.

설령 노력하고 또 노력해서 완벽의 경지에 도달했다 할지라도 완벽해졌다는 자체를 의식하지 못하고 지금보다 더 완벽해지려는 노력을 계속 할 작정이다. 그게 내 살아가는 신념이자 가치관이다.

인터뷰와 글쓰기를 밥 먹고 숨쉬 듯하는 남자로서 생명력 넘치는 인터뷰 기사를 쓰기 위해 기를 쓰고 현장 체험을 하는 이유도 그 때문이다.

그리고 내가 무슨 일을 하더라도 남을 의식하지 않는다. 내 가치관이 옳다고 판단하면 남의 눈치를 보지 않는다. '남들이 나를 어떻게 생각할까?'

하는 식으로 아까운 시간을 낭비하지 않는다. 하루하루를 그렇게 살다 보니 50대 중반이 되도록 그 흔한 자가용 한번 소유해본 적이 없다. 오리지널 '뚜벅이' 족으로 웬만한 거리는 튼튼한 내 두 다리로 걸어 다니는 생활이 몸에 배었다.

필자는 실수를 두려워하지 않는다. 실수를 통해 실수하지 않는 법을 배우는 공부라고 생각한다. 실패라는 말도 쓰지 않는다. 실패자라는 말은 더욱 어울리지 않는다.

내일이 있는 한 오늘의 실수는 실수가 아니다. 돌이킬 수 없는 치명적인 실수가 아니라면 오히려 밥 먹듯 실수를 반복하더라도 그 실수가 고맙다고 생각한다. 어린아이가 넘어지면서 걸음마를 배우듯이 실수와 시행착오를 거치면서 실수하지 않는 법을 깨달아갈 뿐 아니라 실수를 딛고 일어설 수 있는 교훈도 얻는다.

나에게 설령 오늘 실패가 있다 할지라도 그 실패를 딛고 일어설 수 있다는 희망이 항상 나를 다시 일으켜 세우는 원천이다. 나에게 일어난 오늘의 실수도 실패도 내일의 희망이 될 수 있다고 확신한다. 오늘도 순간순간에 내 인생을 '올인' 한다. 성공에 이르는 가장 확실한 지름길은 순간순간 최선을 다한 오늘 하루의 연속이다.

인터뷰이는 지위고하, 남녀노소가 없다

나의 인터뷰 대상에는 성역이 없다. 우리 사회의 99%를 차지하는 보통 사람들이 오히려 주인공이다. 흔히 말하는 세속의 잣대로는 아주 작고 하찮아 보이는 사람이라 할지라도 제 아무리 잘나가는 최고스타나 유명인사 못지않게 소중하고 가치 있는 존재라는 사실을 피플코리아를 통해 부지런히 알리고 소개해왔다.

평범하지만 조금은 참신하고 특별한 사람을 찾아가 취재하고 알리는 일을 하루 이틀도 아니고 한두 달도 아니고 한두 해도 아니고 자그마치 10년 넘게 계속해오고 있다.

그동안 인터뷰한 인물이 100명을 돌파하고 500고지를 지나 1,000명을 훌쩍 넘었다. 특히 '클릭이사람' 이라는 한 가지 인터뷰 시리즈를 가지고 2000년부터 현재까지 500명이 넘는 인터뷰를 계속해오고 있는 기자는 온오프라인 신문, 잡지를 망라하여 국내는 물론 세계에서도 피플코리아 인터뷰 전문기자 김명수가 유일하다고 감히 자부한다.

필자가 다루는 인터뷰 인물은 유명인사보다는 무명에 가까운 평범하고 조금은 특별한 보통 사람들이 주류를 이룬다. 그러한 사람들이 피플코리아에 소개되고 수많은 네티즌들에게 읽혀지면서 용기와 힘을 얻고 역할 모델이 되어 각박한 이 세상이 조금이라도 더 밝고 건전해질 수 있다면 나는 더 이상 바랄 게 없다.

혹자는 말한다. 돈도 되지 않는 그깟 일에 그토록 기를 쓰고 매달리는 필자를 보고 현실감각이 없는 이상론자라는 '비아냥거림'도 듣는다. 또한 그렇게 잠깐 하다가 얼마 못 가 포기할 일을 왜 그토록 광적으로 집착하는지 모르겠다면서 안타까운 시선으로 바라보는 사람들도 있다. 그러나 나는 그런 말에 개의치 않는다. 하면 할수록 더욱 내가 하고 있는 일에 애착이 커지고 인터뷰하는 남자가 되기를 잘했다는 생각을 한다.

그동안 전국을 수없이 누비고 다녔다. 바다 건너 외국까지 거침없이 특별한 보통 사람들을 찾아나섰다. 그것도 내 주머니 털어가면서 그러한 사람들을 만나고 취재하는 과정에서 수없이 많은 위험에 빠지기도 했고 죽을 고비를 넘겼다.

하필이면 바닷물이 가장 높이 올라가는 음력 칠월 보름 밤 12시에 백중사리 밀물을 만나 세계에서 간만의 차가 가장 높은 인천 실미도 앞바다에 빠져 나 혼자 맨몸으로 아무런 구명 장비 없이 4시간을 표류하다 극적으로 살아나오기도 했다.

북파공작원 전문기자로서 실미도에서 있었던 공작원들의 숨결을 취재하고 싶은 욕심에 실미도 해협에 들어갔다가 당한 일이다.

어머니의 뱃속에서 이 세상에 태어날 때는 순서가 정해졌지만 죽을 때는 순서가 없는 게 인간 아닌가. 내일 자기 자신에게 무슨 일이 얼어날지는 누구도 장담할 수 없다.

언제 죽을지 모르는 상황에서 죽는 날까지 가장 잘할 수 있는 일, 가장 하고 싶은 일을 즐기면 최고의 행복이 아닌가.

남들은 돈 많이 벌고 여유가 생기면 그때 가서 가장 하고 싶은 일을 하겠노라고 흔히 말하지만 그 마지막에 하고 싶어 하는 그 일을 나는 지금 즐기면서 마음껏 누리고 있다.

그래서 나는 늘 행복하고 꿈을 꾼다. 오늘 내게 주어진 하루를 내 인생의 마지막 날처럼 살자. 내 인생의 좌우명이다.

살아 있는 글을 캔다

◆

필자는 머리를 믿지 않는다. 거창한 지식도 믿지 않는다. 믿을 건 맨땅을 딛고 서 있는 나의 땀냄새 나는 두 발뿐이다. 책상에서 머리만 굴리는 책상머리 지식을 믿지 않는다. 머리만 있고 행동이 따르지 않는 지식은 현실감이 떨어져 아무 쓸모가 없다. 오직 현장에서 직접 보고 들은 것만을 살아 있는 지식으로 생각한다.

전교 수석 입학에 학창시절 내내 전교 수석을 유지하다가 전교 수석 졸업하여 일류직장, 아니면 판검사, 교수, 의사로 승승장구하는 '일류병 환자'들에게서 필자는 별 매력을 느끼지 못한다. 2등으로도 만족을 못하는 천재, 아니면 수재로 분류되는 그들에게 냉철한 지성은 있을지 모르지만 가슴 찡한 스토리를 찾기는 힘들다.

반대로 남들보다 앞서가지는 못할지라도 더 나은 내일을 위해서 열심히 노력하는 사람들을 좋아한다. 1등에서 밀려나면 억울하고 분해서 펄펄 뛰는 '일류병 환자'보다는 서로 끌어주고 밀어주면서 함께 가려는 사람들을 좋아한다. 우리 사회의 99%를 차지하는 보통사람들로 분류되는 그들에게는 따뜻하고 훈훈한 스토리가 있다.

나는 글을 캔다. 단순히 글을 쓰는 사람이 아니라 글을 캐는 사람이다. '글을 캔다'는 '글을 쓴다'와 전혀 의미가 다르다. '글을 쓴다'는 단순한 나열이고 묘사에 지나지 않는다. 하지만 '글을 캔다'는 광산에서 금을 캐는 광부와 일맥상통한다.

광부가 수백 미터 갱도 안으로 들어가 땅속에 묻힌 금을 캐고 땀범벅이 되어 밖으로 나오듯 나 또한 발이 땀나게 뛰고 현장을 누비면서 글을 캐어 글발이 살아 있는 글을 쓰려고 노력한다. 때로는 금맥을 찾지 못하고 어두움 속에 머뭇거리는 경우도 있었지만 실망하지 않고 다시 불을 밝혔다.

글을 캔다는 의미에는 살아 숨쉬는 글을 쓰고 싶은 필자의 마음이 담겨 있다. 글을 캐기 위해서 필자는 그토록 많은 사람을 만나고 몸으로 하는 일을 열심히 하고 있다.

내가 체험하지 않고 쓰는 글은 생명력이 없다고 본다. 실제로 유명한 작가들의 대표 작품들도 그들이 직접 경험한 직업이나 사건들에서 비롯되는 경우가 많다.

글이 아니라 글발이 살아 있는 글을 쓰려고 노력한다. 단순한 글쓰기에서 벗어나 글발이 살아 있는 글을 써야 글맛이 있다. 천하의 글쟁이도 경험에서 우러나오는 체험의 글을 이길 수 없다고 확신한다. 필자가 그토록 목숨 걸고 현장을 체험하면서 글을 쓰는 이유이다.

필자가 지인들에게 입버릇처럼 해오는 말이 있다. 늙어 꼬부랑 할아버지가 되어도 인터뷰 기사를 쓰겠노라고 다짐한다. 스스로 몸을 움직일 힘만 있으면 80세가 됐건 90세가 됐건 사람을 만나 사람 이야기를 전달하면서 살다갈 작정이다.

내가 가장 잘하는 일이 인터뷰와 글쓰기라고 확신하기에, 막말로 손가락에 연필 쥘 힘만 남아 있으면 이 세상 다하는 그 순간까지 인터뷰 기자로서 살다 가겠다는 생각만으로도 뿌듯하고 기분이 좋다.

철저한 사전 준비가 필요하다

◆

인터뷰에 대한 필자 나름의 철학이 있다. 인터뷰도 하나의 기사이다. 최소한 뉴스 가치가 있어야 한다. 출세나 유명세보다는 참신하면서도 하는 일이 공익적이고 삶의 모델이 될 만한 가치가 있는 사람을 환영한다.

필자는 인터뷰 대상자를 선정할 때 기존 언론에 자주 등장하는 주류보다는 비주류를 대상으로 발굴·선정해서 인터뷰 기사를 쓴다. 인터뷰 기사를 통해 독자들이 감동 받고 삶의 활력을 느꼈으면 좋겠다는 생각으로 인터뷰 주인공들의 오늘이 있기까지 파란만장한 삶을 살아온 과정을 생생하면서도 진솔하게 담아내려고 노력한다.

인터뷰 기사는 인터뷰 기자뿐만 아니라 그 기사를 읽는 독자들에게까지 간접경험의 효과가 있다. 신문에 등장하는 인터뷰 기사도 마찬가지다. 사람 냄새 물씬 나는 기사에 대한 독자들의 욕구가 커지면서, 시대의 흐름을 실시간으로 반영하는 신문들도 인터뷰 기사의 비중이 갈수록 커지고 있다. 일부 신문들은 선임기자를 전면에 내세워 이슈의 중심에 있는 사람의 내면의 구석구석을 탐구하는 와이드 인터뷰로 독자와 교감하고 있다.

인터뷰 기사는 시작단계인 대상자 선정, 섭외에서부터 자료 조사를 거쳐 인터뷰를 하고 기사를 작성하여 독자의 손에 들어가기까지 여러 경로를 거쳐 이뤄진다. 인터뷰 글쓰기의 처음부터 끝까지 쉬운 과정이 없지만 그 중에서도 인터뷰 대상자 섭외가 가장 어렵다. 인터뷰 달인들도 이구동성으로 하는 말이다.

인터뷰 대상자를 설령 찾았다 해도 선정한 대상자가 고사하는 경우가 많다. 그럴 땐 난감하고 맥이 쭉 빠진다. 그렇다고 쉽게 포기할 수는 없다. 주변인을 통한 설득작업과 읍소작전 등 모든 수단을 동원한다. 인터뷰 대상자로 '누구를 선정할까' 도 항상 고민이다. 대상자 선정이 기사 공정의 80%를 차지한다고 해도 과언이 아니다.

"아는 만큼 보인다"는 말이 있다. 인터뷰 또한 준비한 만큼 보인다. 따라서 철저한 사전 준비는 인터뷰의 질을 좌우한다. 관련기사 검색과 인물탐구는 기본이다. 또한 인터뷰하는 순간 또한 긴장의 연속이다. 무슨 수를 써서라도 인터뷰이의 마음을 파고들어 핵심적인 이야기를 끄집어내야 한다.

그러기 위해서는 마음 놓고 이야기를 하도록 분위기를 조성하는 노하우가 필요하다. 짧은 순간에 서로의 공감대가 이루어지고 마음이 열리면 이면의 진실, 진짜 속사정을 풀어내도록 치열한 '기(氣) 싸움' 을 시작한다. 마음의 이야기를 듣기 위해 인터뷰어와 인터뷰이 간에 때로는 눈빛으로 때로는 오감(五感)에서 뿜어져 나오는 '무언(無言)의 대화' 로 수많은 에너지를 교류한다.

처음부터 잘하는 사람은 없다

◆

필자는 흔히 말하는 명문대를 졸업한 사람이 아니다. 그렇다고 국문과 출신도 아니다. 어려서부터 글쓰기를 좋아했던 사람도 아니다. 소위 'IN 서울대(서울에 위치한 대학)' 출신도 아니다. 지방대학을 나왔다. 글쓰기와 전혀 무관해 보이는 농대(農大) 출신이다. 그런데도 인터뷰 글쓰기 스피치 소통 전문가가 되었다.

글쓰기와 전혀 무관하게 살아왔던 필자가 신문기자를 거쳐 인터뷰 달인이 되기까지의 과정은 이 글을 읽는 여러분들도 본인이 하기에 따라서 얼마든지 인터뷰 글쓰기 소통의 달인이 될 수 있음을 보여준다. 우선 필자는 우연한 기회에 글쓰기에 뛰어들었다.

신문기자 생활 20년 중 10년을 취재와 전혀 무관한 편집부에서 근무했다. 편집부에 근무하는 동안 취재기자들이 편집부로 넘긴 글을 읽고 제목을 달고 기사 경중을 따져 편집하는 업무를 맡았다.

그러면서 여러 유형의 기사를 수없이 읽고 가장 빠른 시간에 기사의 핵심을 끄집어내는 훈련을 했다. 그러다 보니 내용이 좋고 나쁜 기사를 가려낼 수 있는 능력이 생겼다. 그리고 가장 빠른 시간에 기사의 주제를 파악할 수 있는 능력을 키울 수 있었다.

편집부내에서 자조적으로 하는 말이 있다. 편집기자는 시인이라고……. 가장 빠른 시간에 가장 짧은 몇 마디 단어로 가장 좋은 제목을 뽑아내야 하는 편집기자의 뼈를 깎는 고뇌를 빗대서 하는 말이다.

그렇게 10년을 근무하고 나서 우연한 기회에 편집부를 떠나게 되었다. 흔한 말로 편집부에서 물먹었다는 표현이 정확하다. 명색만 기자였을 뿐 신문사에 들어와서 10년 동안 편집업무밖에 다른 일을 해본 적이 없었던 당시만 해도 편집부를 떠나면 인생 '쫑' 나는 줄 알았다.

그런데 막상 편집부를 떠나보니 그게 아니었다. 당시 신문사는 닷컴 바람이 강하게 불었다. 그러면서 전화위복이 되었다. 경향신문도 자회사로 경향닷컴이 생기고 뉴스팀장으로 발령 받았다. 그때 경향닷컴 사장이 나에게 취재 지시를 내렸다.

지금 당장 밖에 나가 인터뷰 대상자를 물색해서 인물 인터뷰를 해오라는 명을 받고 겁이 덜컥 났다. 생전 취재를 해본 경험이 없었으니 겁이 날 수밖에 없었다. 하지만 내 인생 사전에 포기는 없다. 죽을 때 죽더라도 일단 부딪혀 보기로 작심하고 현장에 갔다. 인터뷰 주인공을 만나서 취재를 했다. '생똥'을 쌀 정도로 힘이 들었다. 3시간이나 흘렀을까. 어렵게 인터뷰를 마치고 회사에 돌아와 무아지경 속에서 기사를 썼다. 그리고 올렸다. 그 기사를 읽어본 사장이 한말이 지금도 생생하다.

"김명수 씨, 수고했어. 기사 좋은데! 경제전문기자로 20년을 근무한 나보다 훨씬 기사를 잘 쓴다. 앞으로 인물인터뷰 기사 전담해서 열심히 써 봐!"

그 말 한마디에 날아올랐다. 칭찬은 고래도 춤추게 한다고 하지 않았는가! 천하의 인터뷰 전문기자가 된 기분이었다. 하지만 단지 시작에 불과했다. 늦게 배운 버릇에 날 새는 줄 모른다고 완전 그 짝이었다. 인터뷰 기사에 완전히 빠져들어 시간가는 줄 몰랐다. 그러면서 스킬도 늘었다.

여기서 잠깐. 신문사 편집부에 있을 때 취재 부서에 있는 동료 기자에게 자존심을 접고 원색적 질문을 한 적이 있다.

"나도 명색이 밖에 나가면 신문기자 소리를 듣는다. 그런데 '신문사 밥'을 먹은 지 10년이 되도록 내 이름 석 자가 달린 기사 한 줄을 못 써봐서 너무 쪽팔린다. 기사까지는 아니더라도 나도 글을 쓰고 싶은데 도저히 자신이 없다. 어떻게 하면 좋은 글을 쓸 수 있는지 방법을 알고 싶다."

내 말을 듣고는 동료 기자가 우선 독자투고에 글을 써보라고 조언했다. 나는 독자투고조차도 겁이 나서 도저히 글을 쓸 엄두가 나지 않는다고 답했다. 그때만 해도 내가 쓴 글을 다른 누군가가 본다는 생각만 해도 두려웠다.

그랬더니 이 친구 말이 가관이었다. 독자투고란에도 글을 쓸 자신이 없으면 실명이 아닌 익명으로 어중이떠중이 다 몰리는 자유게시판에라도 연습 삼아 글을 써보라고 조언했다. 쓰레기같이 온갖 잡글이 다 올라오는 자유게시판에조차도 글을 쓸 자신이 없다고 했다.

그때 안쓰러운 표정으로 필자를 바라보던 그 친구의 눈빛을 세월이 한참 흐른 지금까지도 잊을 수가 없다. 그랬던 필자가 인터뷰 기사를 전문으로 쓰게 되었으니 이야말로 놀라운 반전이 아니겠는가.

2011년은 필자에게 기적 같은 일이 벌어졌다. 1,000명을 인터뷰한 최다 인터뷰 전문기자로 한해를 마감하는 2011년 12월 한국기록원에서 주최하는 제1회 대한민국 기록문화 대상(大賞)을 수상했다.

또한 안희재 아나운서가 진행하는 KBS 라디오방송 '나의 삶 나의 보람' 프로에 출연하여 1회 40분씩 2회에 걸쳐서 1,000명을 인터뷰한 인터뷰 전문기자 겸 작가로 활동하는 필자의 독특한 삶이 12월 12일(월)~13일(화) 이틀간 전파를 타 전국에 소개되기도 했다.

바보정신으로 인터뷰에 매달렸다

◆

다행히 지금은 바보가 각광을 받는 시대로 세상이 바뀌고 있다. 나 혼자 등 따습고 배불리 먹기보다는 서로 나누고 베풀며 더불어 살아가는 시대로 변하고 있다. 스스로 돌아봐도 바보스럽고 내 능력의 부족함을 알기에 나는 앞으로도 계속 노력하면서 살겠노라고 다짐한다.

그러한 나의 가치관이 오늘의 나를 키워온 원동력이다. 바보는 머리를 굴리지 않는다. 욕심과도 거리가 멀다. 작고 하찮은 일이라도 자기 할 일이라고 믿으면 목숨 걸고 달려든다. 갓 태어난 아이가 엄마 젖을 물고 세상에서 가장 행복한 모습으로 잠이 들 듯 작은 일에도 크게 기뻐하고 만족한다. 한마디로 바보정신이다.

그렇다고 내가 큰 바보는 아니다. 큰 바보는 아무나 될 수 없다. 어쩌면 큰 바보는 하늘이 내는지도 모른다. 시대를 초월하는 큰 바보를 꼽으라면 김수환 추기경이 아닐까 싶다. 스스로를 "나는 바보야"라고 말했던 김수환 추기경의 그림자도 따라갈 수 없는 내 주제를 나는 잘 안다.

나는 세상을 부정적인 눈으로 보지 않는다. 아무리 어렵고 현실이 절망이라 해도 좌절하지 않는다. 현재 주어진 여건에서 최선을 찾아내려고 노력한다. 그러다 보면 길이 있다고 확신한다. 지금까지 그렇게 살아왔고 지금도 그렇게 살고 있다. 다행히 하나님은 나에게 글 쓰는 재능을 주셨다. 나의 다른 모든 부족함을 글 쓰는 재주 하나로 채우고도 남는다고 생각하고 현실에 순응하며 열심히 살고 있다.

나는 호기심이 많다. 타성에 젖는 것을 본능적으로 싫어한다. 혈연, 지연, 학연에 얽매이지 않는 성격도 바로 그런 이유이다. 또 하나 나는 여행을 좋아한다. 특히 도보 여행을 광적으로 좋아한다. 웬만한 거리는 걸어다니는 습관이 몸에 배었다. 그리고 나는 새로운 사람들과 이야기하기를 좋아한다. 한번 이야기를 나누면 밤을 꼬박 새워도 끝이 없다. 거기에 하나 더 나는 글쓰기를 즐긴다.

내가 가장 잘 할 수 있는 재능인 글쓰기가 나의 취미이자 직업이 되었다. 그중에서도 인터뷰 글쓰기를 하고 있기 때문에 나는 세상에서 가장 행복한 사람이라고 스스로 자부하면서 하루하루를 기쁜 마음으로 살고 있다.

나는 몸으로 하는 고생을 즐긴다. 체구는 작고 왜소하지만 웬만한 고통이 따르더라도 몸을 사리지 않는다. 그러한 모든 나의 습관들이 인터뷰 기자로서 최적의 조합을 만들어냈다.

어쩌면 나의 그러한 모든 악조건들이 나를 더욱 자극 시키는 촉매제가 되었는지도 모른다. 지금보다 더 발전하기 위해서는 노력밖에 없다고 생각했다. 인터뷰 기자로서 최고가 되기 위해서 노력하고 또 노력해왔다. 그러다 보니 대한민국에서 가장 많은 인물을 심층 인터뷰한 기자가 되었다.

700명이 넘는 인물을 심층 인터뷰하기란 말처럼 쉽지가 않다. 1주일에 1명씩 인터뷰한다 해도 10년이 넘게 걸리는 인원이다. 어찌 보면 바보정신으로 살아왔기 때문에 가능했는지도 모른다. 남들이야 뭐라고 생각하건 말건 의식하지 않고 오직 내가 하는 일에만 집중해왔다. 때로는 힘들고 어려웠지만 그러면서도 행복하고 뿌듯했다.

누구라도 자신이 가장 잘하는 분야에 최선을 다하면 최소한 그 분야에서 인정받고 밥은 굶지 않는다는 철저한 프로정신이 나를 지탱해주는 힘이었다.

인터뷰를 위해서라면 지구 끝까지라도 달려갈 각오가 되어있다. 자조적으로 하는 말이 있다. 인터뷰를 위해서라면 가는 차비만 있으면 어디라도 간다. 돌아올 때는 생각하지 말자. 그건 그때 가서 고민하면 될 일이다. 막말로 인터뷰를 하고 나서 돌아올 차비가 떨어지면 그때는 걸어올 각오로 일단 가겠다. 최악의 경우 서울에서 부산을 갔다 해도, 부산에서 서울까지 길게 잡아 2주면 걸어올 수 있다는 각오로 인터뷰를 해왔다.

인터뷰와 글쓰기, 작가로서도 게을리 하지 않았다. 지금까지 모두 10권의 책을 썼으니 이 또한 쉬운 일은 아니리라. 책을 쓰게 된 동기도 따로 있다. 책을 내고 글을 쓴다는 게 특정작가의 전유물이 아니라는 것을 보여주고 싶어서다. 그러다 보니 언젠가부터 책을 10권이나 쓴 내 이름 앞에 중견작가라는 꼬리표가 붙어 있었다. 2010년에는 농민신문사에서 주최하는 농촌문학상을 수상(수필부문 본상)하는 영광도 누렸다. 나름대로 작가로서의 입지를 구축했다는 증거이다.

우리 사회에는 자신에 맞는 멘토를 찾기가 힘들다. 멘토로 삼을 만한 책을 보려 해도 주변 사람들이 쉽게 범접하기 힘든 위인전과 영웅전이 대부분이다. 필자가 인터뷰 글쓰기에 그토록 집착하는 이유가 바로 그 때문이다. 갈수록 다양하고 복잡해지는 다원화 사회에서 끊임없이 삶의 멘토를 발굴하여 소개하고 싶다.

우리 시대의 본보기가 될 만한 사람이 많으면 많을수록 롤 모델이 되어 그를 닮으려고 노력하는 사람 또한 그만큼 늘어날 수 있다고 확신한다. 그러다 보니 여기까지 왔다. 바보는 상황을 원망하지 않는다. 열 가지를 잃어도 한 가지를 얻으면 그걸로 만족한다. 필자는 그러한 바보정신을 마음에 새기고 살아간다.

패자부활전이 이루어지는 사회

♦

내가 하는 일이 최고의 직업이라고 자부한다. 또한 내가 하고 있는 분야에서 최고가 되려고 노력한다. 여러 분야에서 많이 부족하고 모자라지만 바보정신으로 한눈팔지 않고 인터뷰 전문기자로서 최고가 되겠다는 마음으로 최선을 다해 노력하고 또 노력한다.

한 가지 분명한 사실이 있다. 인터뷰 기자로서 이 자리 오기까지 끊임없이 발전하고 진화했다는 사실이다.

2002년 경향닷컴 편집국장을 끝으로 현직에서 물러났다. 그리고 인터넷 신문 피플코리아를 창간하여 오늘에 이르고 있다. 아무리 언론사에서 잘나가는 중견 기자라 할지라도 현직에서 물러나면 그걸로 끝이다. 현직 기자 시절 드나들었던 출입처에 가봤자 현직에서 물러나면 끈 떨어진 갓 꼴이다. 그런데 필자는 예외였다.

이 또한 바보정신으로 살아온 덕분이다. 한눈팔지 않고 비록 혼자 북 치고 장구 치며 아무도 거들떠보지 않는 1인 인터넷 신문에 불과했지만 최선을 다해 인터뷰 기사를 써왔다. 그러다 보니 당시 마사회 홍보팀장(김종필)이 이런 말을 했다.

"김 국장님은 어떻게 경향신문 그만두고 현직에서 물러나고 나서 더 많이 발전하고 출입처에서 더 많이 알아주네요. 완전 돌연변이 같아요."

그 말에 우쭐했던 적이 있다. 또 하나 있다. 신문기자로 20년을 근무하면서 현역시절에 후배 기자들을 대상으로 강의를 해본 적이 단 한 번도 없다. 그러던 필자가 오히려 현역에서 물러나고 나서는 강의를 했다. 언론재단이 주관하는 지역신문기자 연수과정에서 '인터뷰 기사의 흐름 및 지역적 적용'을 주제로 강의를 했다.

그런가 하면 언론재단 추천으로 청양신문에서 꼬박 하루 9시간을 강의하기도 했다. 현역기자 시절에 단 한 번도 강의를 해본 적이 없었기에 개인적으로 영광이자 놀라운 진화였다.

2011년에도 인터뷰 전문기자로서 자부심을 느낄 수 있는 사건이 새해 출발부터 이어졌다. 올해 1월 모교인 충북대학교에서 강의 요청을 받았다. 2011학년도 충북대학교 수시합격자 500명을 모아놓고 실시한 3박4일 예비대학 과정 2시간 강의에 정식으로 초청을 받았다.

10만 명이 넘는 충북대학교 역대 전체 졸업생을 대표해서 내가 뽑혔으니 그 기쁨은 하늘을 나는 기분이었다. 더욱이 충북대학교 농화학과를 꼴찌로 졸업한 장본인이 아니었던가.

역대 전체 졸업생 중에는 소위 잘나가는 저명인사도 수두룩 빽빽한데 그 모든 사람들을 다 제치고 필자가 뽑혔다는 자체는 시사하는 바가 적지 않다. 비록 학교 졸업은 꼴찌로 했지만 졸업하고 나서 학교 성적에 상관없이 얼마든지 패자부활전이 가능하다는 사실이다.

이 바쁜 세상에 자신이 직접 모든 것을 경험하고 배울 수는 없다. 차선책은 간접경험이다. 간접경험만으로도 얼마든지 자신의 경쟁력을 끌어올릴 수 있다. 내 인생의 롤 모델이 될 만한 사람들을 닮으려고 노력하면 그 자체로 훌륭한 간접 경험이 될 수 있다. 그런 점에서 필자는 인터뷰 전문기자로서 뿌듯하다. 필자의 부족한 부분을 인터뷰를 통해 배워나갈 수 있다는 자부심과 보람을 동시에 느낀다.

순풍에 돛단 듯 승승장구 하는 사람보다는 이리 부대끼고 저리 시달리면서 역경을 딛고 일어선 사람을 나는 좋아한다. 개천에서 용 났다는 말을 좋아한다. KS마크를 달고 일류학벌에 일류가문에 수석으로 잘나가는 사람보다는 넘어지고 깨졌다가도 노력하고 '절치부심' 해서 다시 일어서는 사람을 좋아한다.

게임에서 한번 패했다 할지라도 포기하지 않고 다시 싸워 승리하는 패자부활전을 좋아한다. 인터뷰 전문기자로서 그런 사람을 끊임없이 발굴하여 소개하는 재미를 만끽하면서 살아가고 있다.

그러면서 패자부활전이 많이 이루어지는 대한민국이 되기를 진심으로 바란다. 그래야 한번 실패했더라도 다시 일어설 수 있는 기회가 온다. 한때 자폐아에 가까운 시절이 있었지만 인터뷰 전문기자, 소통 전문가로 입지를 구축한 필자처럼 희망은 있다.

필자는 인터뷰 전문기자 겸 작가로 활동하면서 현장 체험 이외에도 전문성을 끌어올리기 위한 또 다른 일을 병행하고 있다. 지금도 민영통신사 뉴시스 편집국에서 전국부 편집위원으로 활동하고 있다.

현직에 있어도 정년퇴직할 나이인데, 오래 전에 이미 언론계를 떠난 필자를 현장에서 다시 불러줬다는 자체만으로도 숫자에 불과한 나이를 초월하여 능력을 인정받았다는 생각에 편집국에 출근할 때마다 힘이 불끈 솟고 새로 태어나는 기분이다.

필자는 전국에서 발로 뛰고 있는 150여 명의 뉴시스 소속 지방본부 기자들이 실시간으로 송고하는 하루 수백 건의 기사를 일일이 수정, 처리하는 데스킹 업무를 담당하고 있다. 다양한 성향을 가진 150명의 현장 기자들이 작성한 기사들을 수정, 처리하면서 필자는 많은 현장 공부를 한다.

기사에도 여러 질이 있다. 비중이 크고 작은 기사가 있는가 하면 내용이 부실한 기사도 있다. 완벽한 기사, 함량 미달 기사, 보완이 필요한 기사를 찾아내고 수정, 처리하는 데스킹 업무를 맡다 보니 시시각각으로 올라오는 어떠한 기사를 접하더라도 순식간에 기사의 비중과 질을 판단할 수 있는 능력이 커진다.

그러한 능력이 인터뷰와 글쓰기에 큰 도움이 된다. 한편으로는 인터뷰 전문기자 겸 작가로 갈고 닦은 그동안의 모든 노하우가 지금 뉴시스 업무에 큰 도움이 되고 있다.

누구에게나 기회는 있다. 설령 한두 번 실패하여 일시 곤경에 빠졌다 해도 다시 일어날 기회는 얼마든지 있다. 꿈과 희망, 비전을 가슴에 품고 내일의 꿈을 향해 끊임없이 노력하면 그것으로 충분하다. 그러기 위해서는 현실에 안주하지 말고 변해야 한다.

CHANGE(체인지). 내가 변하면 기회는 얼마든지 있다. CHANCE(찬스). 변화(CHANGE)와 기회(CHANCE)는 동전의 양면과 같다. 비슷해 보이는 영어단어 5번째 철자(G→C) 하나 차이이다. 우연의 일치인지는 몰라도 변화와 기회라는 의미의 영어단어가 이처럼 서로 비슷하다는 사실이 그저 신기할 뿐이다.

인터뷰로 얻게 된 인생의 지혜들

인터뷰 전문기자로서 국내외를 발이 닳도록 누비고 다닌 결과 분명하게 얻은 교훈이 있다. 세상에 공짜는 없다는 사실이다. 그리고 세상은 자로 잰 듯 공평하다는 사실이다.

혹자는 이 말에 강한 반론을 제기할 수도 있다. 하지만 나는 확신한다. 자기 분야에서 탄탄한 입지를 구축하고 나름대로 성공했다는 사람들을 끊임없이 만나보면서 그런 확신이 더욱 굳어졌다. 성공한 사람들은 성공할 수밖에 없는 분명한 이유가 있다.

물론 장님 문고리 잡듯 자신의 노력과 상관없이 대박을 터뜨리는 사람이 있을 수는 있다. 하지만 길게 보면 이 또한 공평하다는 필자의 상식에서 크게 벗어나지 않는다. 자신이 씨 뿌린 만큼 결실을 거둔다는 말에서 보더라도 그렇다.

부자가 3대 못 간다는 말이 왜 나왔겠나. 흥할 때가 있으면 망할 때가 있다. 음지가 있으면 양지가 있다. 인터뷰를 하면 할수록 그러한 확신이 사라지기는커녕 오히려 더욱 굳어졌다.

이 문제에 대해서 갑론을박 할 수도 있지만 필자의 생각은 변함이 없다. 설령 자신이 뿌린 만큼 결실을 거두지 못한다면 후손에게라도 반드시 돌아온다고 확신한다.

만에 하나 그렇지 않더라도 상관없다. 노력하면 노력한 만큼 반드시 그 대가가 돌아온다는 믿음으로 더 열심히 노력하고 하루하루 최선을 다하는 그 자체만으로도 뿌듯하다. 하루를 살다 가더라도 기왕이면 긍정적이고 즐겁고 기쁜 마음으로 살아야 좋지 않겠는가?

때로는 작은 생각의 차이가 천양지차의 결과를 낳을 수도 있다. 우울하고 비관적인 사고를 가진 사람이 성공한 사람을 보고 "당신은 성공했기 때문에 행복하고 환하게 웃을 수 있다"고 말할 수 있다. 하지만 성공한 사람은 반대로 "당신은 매사를 비관적으로 보고 부정적으로 보기 때문에 성공하지 못하고 실패할 수밖에 없다"고 말할 수 있다. 그렇다면 생각을 바꿔보자. 수많은 사람을 인터뷰하면서 얻은 결론이다.

성공해서 행복한 게 아니라 행복하고 웃으면 복이 오고 성공으로 가는 지름길이라고 긍정적이고 즐거운 생각으로 인생을 살아보자. 하루하루를 그렇게 살아간다면 결과와 상관없이 그 자체로 이미 성공한 사람이라고 본다. 때로는 작은 생각의 차이가 이토록 큰 결과를 만들어낼 수도 있다는 것을 명심하자. 인터뷰하면서 얻은 삶의 교훈이다.

지하철 역 승강장에 붙은 사랑의 편지가 생각난다. 미국의 벨버 케이츠 박사가 흥미로운 실험결과를 발표했다는 글이다. 사람이 호흡할 때 내쉬는 숨을 모아보면 침전물이 생기는데, 기분에 따라 침전물의 색깔이 달라진다는 내용이었다.

즐거울 때 웃음으로 내쉬는 숨에는 청색의 침전물이 생기는 반면 화가 나서 내뿜는 호흡의 침전물은 밤색에 독소까지 들어 있어 이 밤색 침전물을 쥐에게 주사했더니 몇 분 안 되어 죽고 말았다고 한다.

한 시간 동안 계속 화를 내면 쥐 80마리를 죽일 만큼 독소가 발생한다니 생각만 해도 끔찍하다. 이는 화를 내는 사람의 몸속은 독소로 가득 차 자신을 해칠 뿐만 아니라 다른 사람에게도 해를 끼친다는 것을 보여준다.

운동도 좋고 보약도 좋지만 죽는 날까지 희망을 품고 하루하루를 기쁘고 즐겁게 사는 삶이야말로 건강을 지키는 최고의 비결이 아닐까 싶다.

여기서 미국의 세계적인 부호 '록펠러'의 이야기를 빼놓을 수가 없다. 50대 중반에 불치의 병에 걸려 1년을 넘기기 어렵다는 진단을 받은 그는 남은 생이라도 의미 있게 보내기로 결심했다. 빈민 구제 사업에 많은 기부를 하면서 가는 곳마다 고아원과 도서관을 세우다 보니 너무 바빠서 병원 가는 일조차 잊어버릴 때가 많았다.

그로부터 무려 40여 년을 더 살다가 98세에 세상을 떠난 그는 자신의 장수 비결을 묻는 질문에 "사람은 보람 있는 일을 할 때 희망이 보이고 희망이 있는 한 늙지 않는다"고 말했다. 절망 속에서도 보람된 일을 찾는 것이야 말로 그 자체로 희망이다.

필자의 인터뷰 대상은 광범위하다. 심지어 자신의 아버지, 어머니까지 등장시킨다. 필자는 인터뷰 대상자를 선정할 때 철저하게 사람을 기준으로 한다. 인지도나 유무 명을 기준으로 하지 않는다. 인터뷰할 때 기존의 평가를 무시한다. 인터뷰이를 편견 없이 바라보고 내면의 가치를 끄집어내려고 노력한다.

인터뷰 전문기자는 편견이 없어야 한다. 편견이 있으면 인터뷰할 때 색안경을 끼고 인터뷰이를 볼 가능성이 크다. 또한 인터뷰 전문기자는 모든 것을 있는 그대로 바라보는 열린 눈과 열린 마음이 있어야 한다. 그래야 인터뷰할 때 공정한 잣대를 적용할 수 있다. 대통령이건 장관이건 국회의원이건 유명스타건 노숙자건 청소부건 출세나 지명도를 철저히 배격하고 모두 똑같은 사람으로 불편부당한 잣대를 들이대야 한다.

필자가 수많은 인물을 만나고 인터뷰를 하면서 터득한 노하우가 바로 그것이다. 직설적으로 표현하자면 필자는 완전 잡탕이다. 또한 잡식성이다. 눈으로 보고 귀로 듣고 몸으로 느끼는 모든 것을 100% 있는 그대로 받아들이고 수용한다. 그리고 상대방의 입장에서 바라보고 이해하려고 노력한다. 나의 입장이 아니라 상대방의 입장에서 바라보면 그 사람의 마음속으로 더 가깝게 다가갈 수가 있다.

그러면서 세상을 배운다. 이 세상에 존재하는 모든 것은 존재할 만한 가치와 이유가 있다고 생각한다. 하다못해 길을 지나가다 행패 부리는 취객을 만나도 '나는 저러면 안 되겠다' 하고 반면교사로 생각한다. 심지어 돌부리에 걸려 넘어져 피를 철철 흘리더라도 더 큰 부상을 입지 않아 다행이라고 생각한다.

Chapter 02

인터뷰 | 달인되기

인터뷰 기사는 준비가 70%이다. 준비를 철저히 할수록 좋은 기사를 쓸 수 있다. 인터뷰 결과는 어떤 방식으로
인터뷰를 진행하느냐에 따라 천차만별이다. 각계 인물 1,000명을 인터뷰하면서 얻은 노하우를 공개한다.

인터뷰 기본기 익히기

◆

인터뷰 종류

인물 인터뷰만 인터뷰가 아니다. 작가나 기자가 글을 쓰기 위해 취재원을 만나는 자체도 인터뷰다. 질문도 알아야 할 수 있듯이 인터뷰 또한 노하우가 필요하다. 기자가 인터뷰를 잘할수록 기사의 질이 좋아짐은 물론이다. 바꿔 말해 인터뷰 기사는 인터뷰 기자의 능력에 따라 천양지차(天壤之差)로 달라진다.

인터뷰하는 방법도 다양하다. 인터뷰 주인공을 직접 만나서 얼굴을 마주 보고 진행하는 대면(face to face) 인터뷰가 있는가 하면 전화 인터뷰, 이메일 인터뷰, 서면 인터뷰, 트위터 인터뷰도 있다.

인터뷰이 선정과 섭외

인터뷰는 사전 준비가 필요하다. 인터뷰 기사는 준비가 70%이다. 인터뷰 준비를 철저히 할수록 좋은 기사를 쓸 수 있다. 인터뷰 준비단계로 가장 먼저 누구를 인터뷰할지 인터뷰 성격에 맞는 대상자를 선정해야 한다. 대상자를 선정했다고 해서 모두 인터뷰가 이루어지는 건 아니다.

다음 단계로 인터뷰에 응할 수 있도록 직접 만나거나 전화, 또는 서면으로 섭외를 해야 한다. 섭외과정에서 막상 당사자가 인터뷰를 고사하는 경우가 많기 때문이다. 인터뷰 전문기자들도 인터뷰 과정에서 대상자 섭외가 가장 힘들다고 하소연한다.

인터뷰 대상자 선정 사유를 명확히 밝히고 섭외를 거쳐 인터뷰 대상자가 인터뷰를 하기로 수락했으면 인터뷰 추진 과정에서 가장 어려운 관문은 일단 통과한 셈이다.

61

인터뷰 주제와 사전 정보 수집

하지만 인터뷰를 하기까지는 아직도 준비해야 할 일이 많이 남아있다. 인터뷰 대상자를 만나기 전에 인터뷰 주제를 미리 정하고 자료 수집을 철저히 해야 한다. 인터뷰를 하기 전에 인터뷰 주제와 관련하여 인터뷰 대상자가 과거 어떤 일을 해왔으며 현재 어떤 일을 하고 있고, 어떠한 일을 하는 사람인지 최대한 많은 정보를 파악해야 한다.

인터뷰 장소도 중요하다. 인터뷰 대상자의 성격을 미리 파악하고 인터뷰하기에 가장 적당한 장소를 고른다.

인터뷰를 하려면 우선 인터뷰 대상자를 만나야 한다. 인터뷰 대상자의 프로필, 최근 활동, 저서, 성격 등 대한 많은 정보를 확보한 상태에서 인터뷰에 들어간다. 기존에 나온 정보를 재차 확인하고 기존에 나오지 않은 새로운 정보를 보완한다는 자세로 인터뷰를 한다.

인터뷰 기본 점검

인터뷰 시간과 장소는 가능하면 취재원이 원하는 대로 맞춰주고 사진기자 동행 여부와 녹음기 휴대 여부는 미리 알려준다. 취재원이 활동하는 사무실에서 인터뷰를 하면 현장 분위기를 파악하고 확인할 수 있는 장점이 있다.

인터뷰 장소에 도착해서 좌석 배치 여부를 미리 확인한다. 또한 녹음기 위치를 미리 파악해둔다. 상항에 따라 녹음하겠다고 미리 양해를 구하는 경우도 있다.

인터뷰 요령

인터뷰 결과는 기자가 어떤 방식으로 인터뷰를 진행하느냐에 따라 천차만별이다. 각계각층의 인물들을 1,000명 넘게 인터뷰하면서 얻은 노하우를 공개한다.

① 처음에는 가벼운 농담으로 긴장을 풀어주고 덕담으로 인터뷰 분위기를 끌어올려라.

② 겸손한 자세로 자기소개를 먼저 하고 인터뷰를 하는 이유와 목적을 분명히 밝혀라.

③ 인터뷰 주제에 대한 철저한 사전 준비는 인터뷰이에 대한 최소한의 예의이다.

④ 밝은 표정으로 상대와 눈을 맞추면서 확실하고 분명하게 구체적으로 질문하라.

⑤ 가벼운 질문을 먼저 던지고, 상대방이 주저하는 내용은 나중에 적절한 타이밍을 맞춰 우회적으로 물어라.

⑥ 인터뷰이가 꺼려하는 내용은 일단 피하고 그냥 넘어가라.

⑦ 인터뷰이에 대한 선입견이나 편견을 버려라.

⑧ 인터뷰이의 눈높이에 맞추고, 사소한 말과 행동에도 신경을 써라.

⑨ 인터뷰이가 스스로 말하도록 분위기를 유도하고 흐름을 끌고 가라.

⑩ 최대한 집중하여 경청하라. 자기 말을 열심히 들어주면 인터뷰이 스스로 다 털어놓는다.

⑪ 사소한 말도 그냥 흘려듣지 말고 인터뷰이의 표정과 태도를 주의깊게 관찰하라.

⑫ 녹음기에만 의존하지 말고 메모를 함께 하라.

⑬ 단어 표기가 복잡한 이름이나 발음을 잘 못 들었으면 몇 번이라도 물어 그 자리에서 확인하라.

⑭ 마지막으로 기사에 추가하고 싶은 내용은 없는지 물어보고 민감한 내용은 재차 확인하라.

인터뷰 기사 작성

◆

구슬이 많아도 꿰어야 보배

아무리 머리가 좋아도 인간의 기억력은 시간이 지날 수록 떨어지기 마련이다. 인터뷰가 끝났으면 뜸들이지 말고 최대한 빨리 기사를 만들어라.

기사를 작성하다가도 민감한 내용이나 의문이 생기면 묻고 또 묻기를 주저하지 말고 부족한 부분은 보충한다. 모든 일에 있어서 처음과 끝이 중요하듯이 기사에서 가장 중요한건 역시 리드와 엔드이다. 가장 먼저 리드를 만들어라.

첫 문장이 90냥

인터뷰 기사를 포함하여 모든 기사의 성패는 첫 문장에 달렸다고 해도 과언이 아니다. 글쓰기에도 순서가 있다. 모든 기사 쓰기의 첫걸음은 머리말(Lead: 리드)로 시작한다. 기사를 작성할 때 처음 시작하는 리드 부문이 가장 어렵다.

인간관계에 있어서도 낯선 사람을 만났을 때 첫인상이 가장 중요하고 기억에 오래 남듯이 인터뷰 기사 또한 첫 문장이 가장 중요하다. 독자가 첫 문장에 반하도록 해야 한다.

리드는 본문을 읽지 않고도 그 기사의 핵심을 파악할 수 있도록 써야 하며 독자의 호기심을 유발시켜 기사의 본문을 읽도록 유도하는 역할을 한다. 리드를 쓰면 기사의 80%는 완성했다고 할 정도로 중요하다.

첫 문장에서 모든 내용을 다 보여줄 수 있다면 좋겠지만 막상 기사를 써 보면 쉽지 않다. 인터뷰를 천직으로 삼고 밥 먹고 숨 쉬듯 매일 글을 쓰는 필자 역시 지금도 여전히 첫 문장을 쓰기가 가장 어렵다.

순서를 정하고 논리적으로 전개하라

글의 완성도를 높이기 위해서는 무슨 내용을 어떻게 끌고 갈지 미리 계획을 세워 준비를 하고 순서를 정해서 써라. 단순히 인터뷰이의 말을 나열만 하는 식으로 수동적인 글을 쓰면 완성도가 떨어지고 내용이 꼬여 그만큼 조잡하고 엉성할 수밖에 없다.

모든 글쓰기에서 핵심 단어까지 아주 구체적이면서도 치밀하게 개요 짜기를 할수록 줄거리와 구성이 탄탄한 글을 쓸 수 있다. 논술도 마찬가지다. 시간이 부족하다는 이유로 일단 쓰고 보자는 식으로 글을 써내려가다 보면 중간에 글이 끊길 뿐만 아니라 엉뚱한 방향으로 빠지기 쉽다.

글의 첫머리가 본문을 읽도록 유도하는 길잡이라면 글의 실질적인 내용의 모든 논의는 본문에서 이루어진다. 글의 주제를 본격적으로 다뤄 결론으로 이끌어 가는 일은 모두 본문에서 펼쳐진다. 첫머리나 마무리에 비해 본문은 훨씬 길고 복잡하다. 따라서 본문은 여러 항목으로 나누어 논리적으로 전개하는 노하우가 필요하다.

완성도를 높이는 마무리

모든 일이 그렇듯이 글쓰기에 있어서도 처음과 끝이 중요하다. 첫머리에서 독자를 본문으로 들어가도록 유도하고 본문에서 본격적으로 다룬 내용을 간추려서 글의 요지를 알기 쉽게 마무리하면 글쓰기가 완성된다.

인터뷰 기자와 인터뷰 기사 문장

인터뷰 기자의 자질

인터뷰어의 품성도 중요하다. 글쓴이가 어떤 생각과 가치관을 가졌느냐에 따라 글의 방향이나 표현이 달라질 수 있다. 부정적인 시각을 가지고 있는 사람은 글도 부정적으로 나온다.

인터뷰를 잘하는 기자가 되려면 우선 호기심이 많고 관찰력이 있어야 하며 때로는 인터뷰 현장에서 일어나는 인터뷰이와의 기(氣) 싸움에서 밀리지 않는 용기와 배짱도 필요하다.

또한 분위기 파악이 빠르고 기회 포착 능력과 순발력이 필요하다. 인터뷰 기자는 순간적인 표정의 움직임이나 마음의 흐름을 잡아서 기사에 녹여 쓸 수 있는 관찰력은 필수조건이다.

인물 탐구형 인터뷰를 쓸 때 사전준비, 편안한 분위기, 귀 기울여듣기, 기록의 중요성, 기사의 정확성은 필수이다.

인터뷰에 어울리는 글쓰기

인터뷰 기사는 말이 아니라 글로 표현되기 때문에 단순하고 간결하고 정확하게 써야 한다. 그동안 얻은 인터뷰 글쓰기 노하우를 공개한다.

① 독자의 관심을 끌어내고 읽을 만한 가치가 있다고 느끼도록 독자에게 유익한 내용으로 흥미 있게 풀어나가라.

② 문장의 흐름전개가 빨라야 한다. 문장 길이를 가급적 줄여 단문으로 끊어 쓰는 노력이 필요하다. 한 문장이 길고 난해한 기사 쓰기는 독자가 외면한다. 글 호흡에 변화를 줘라.

③ 객관적이고 명쾌하게 써라. 구어체를 많이 써라. 같은 단어를 피하고 변화를 줘라. 산뜻한 용어를 써라.

④ 좋은 기사는 독자가 좋아하는 문장이다. 좋은 문장의 가장 기본 요건은 읽는 사람이 쉽게 문장의 뜻을 이해할 수 있어야 한다. 거기에 글의 맛이 보태지고 멋도 있으면 더욱 좋다.

⑤ 최고의 인터뷰 기사는 가장 쉽고 가장 간결한 문체로 가장 빨리 이해할 수 있는 글이다. 아무리 어려운 내용이라도 완전히 이해하고 소화해서 가장 쉬운 문체로 풀어써야 한다.

⑥ 현장감을 살리면서 흥미를 끌 수 있어야 하지만 지나친 미사여구도 사족이다.

⑦ 단순히 전달에 그치지 말고 창의적으로 써야 한다.

⑧ 오탈자나 내용 오류가 있는지 확인하고 또 확인하라. 오탈자나 오류가 있는 인터뷰 기사가 나가면 인터뷰이에 대한 모독이다.

⑨ 내용이 꼬이거나 중복되지 않도록 논리적이고 정확한 정보 전달을 원칙으로 기사를 풀어나간다.

⑩ 이미 알려진 내용은 더이상 기사가 아니다. 광부가 숨어있는 금을 캐내듯 새로운 내용을 찾아내라.

⑪ 기사는 출처가 분명해야 한다. 어디서 정보를 얻었는지 실명으로 출처를 밝혀야 신뢰성이 있다. 아무리 좋은 기사라도 출처를 밝히지 않으면 신뢰성을 떨어뜨린다.

69

인터뷰와 글쓰기 능력은 성공의 열쇠

◆

글쓰기에도 급수가 있다

돈 안 되는 글쓰기가 있는가 하면 돈이 되는 글쓰기도 있다. 그 중에서도 특히 인터뷰는 돈 되는 글쓰기의 기본 재료이다. 인터뷰는 책상 앞에 가만히 앉아서 컴퓨터 자판만 두드리는 수동적 글쓰기가 아니다.

인터뷰를 하려면 인터뷰 대상자를 직접 만나야 하고 독자들에게 가장 피가 되고 살이 될 만한 이야깃거리를 끄집어내야 한다. 그러기 위해서는 부지런히 발로 뛰어야 한다.

글쓰기와 스피치 능력을 향상시킨다

그렇다고 인터뷰 노하우는 언론인들만이 누리는 특권이 아니다. 인터뷰는 누구라도 쓸 수 있다. 인터뷰는 기업과 고객을 상대로 돈이 되는 글을 쓰는 마케팅라이터와 연설문작성자인 스피치라이터

(Speechwriter)한테도 절대적으로 필요하다.

인터뷰를 잘하는 사람은 잘하는 만큼 고객의 요구를 제대로 이해할 수 있다. 인터뷰를 잘하는 사람은 균형 잡힌 마케팅 문구와 청중들의 마음을 사로잡는 연설문을 쓸 수 있다.

그 대표적 사례가 바로 버락 오바마를 미국 대통령으로 만든 연설문이다. "오바마를 키운 건 8할이 연설이다"라고 사람들은 말한다. 대선 승리 확정 후 전 세계인이 지켜봤던 불세출의 명연사 오바마의 대통령 수락연설은 지금까지도 많은 사람들의 입에서 회자될 정도로 감동적인 한 편의 대서사시였다.

글쓰기 능력과 스피치 능력을 모두 갖춘 오바마 연설문은 미국 사람들의 마음을 움직여 그를 미국 역사상 최초의 흑인 대통령으로 만드는 기적을 창출했다.

그렇다면 처음부터 끝까지 한마디 한마디가 군더더기 없이 완벽한 그 수락연설은 누가 썼을까? 1981년생의 젊은 청년 존 파브로(Jon Favreau)의 손끝에서 나온 글이었다. 그는 세계에서 가장 잘 나가는 스피치라이터이자 현재 오바마 정부 수석 연설문담당 보좌관으로 부와 명성을 모두 거머쥐었다.

2011년 3월에 국내 극장에서 개봉된 수입영화 중에서 〈킹스 스피치〉가 있다. 영화 내용은 영국 왕이 말더듬이였다. 자격증이 없는 언어교사로부터 언어교정을 받고 훌륭한 연설을 하는 내용이다. 좋은 스승은 사람을 더 돋보이게 만든다. 인터뷰 글쓰기도 마찬가지이다. 지금은 왕초보로서 다듬어지지 않은 원석이라 할지라도 좋은 교재와 좋은 스승을 만나면 보석 같은 글을 만들어낼 수 있다.

리더는 커뮤니케이션을 잘한다

글쓰기를 업으로 삼는 사람이 아니더라도 글쓰기는 이제 더이상 피해갈 수 없는 세상이다. 직장에서도 사회에서도 글쓰기는 성공으로 가는 디딤돌이다. 형태는 다르지만 이메일, 메모, 기획서, 보고서, 기안 작성 등 모두가 따지고 보면 글쓰기에 해당된다.

글쓰기는 자신의 생각을 거울처럼 고스란히 전달하는 도구이다. 글 잘 쓰는 CEO들은 글쓰기 능력이 성공에 큰 도움이 되었다고 말한다. 글쓰기로 탁월한 전달 능력을 발휘하면 성공에 큰 도움이 된다는 사실에 전적으로 동감한다. 같은 내용을 글로 쓰더라도 정확하고 확실하게 전달하고자 하는 핵심내용을 전달하는 능력이 커뮤니케이션 능력이기 때문이다.

그렇다고 글쓰기는 특별한 사람만이 쓰는 특별한 도구가 아니다. 작가적 성향은 그리 큰 문제가 아니다. 얼마나 솔직하고 얼마나 정확하게 자신의 생각을 전달하느냐가 중요하다. 분명히 말한다. 글쓰기 능력은 타고나는 것이 아니다. 누구라도 배우고 익히면 좋은 글을 쓸 수 있다고 감히 자부한다. 필자가 그랬듯이 글쓰기에 왕초보라도 두려워말고 자신의 생각을 글로 표현하는 연습을 하면 얼마든지 글쓰기의 달인이 될 수 있다.

부자가 되기 위해 노력하라

취미와 직업은 다르다. 취미는 전문성과 무관하다. 그러나 직업은 그 분야의 전문성을 확보해야 한다. 직업이 있으면서 직업과 전혀 무관한 취미를 가질 수는 있다. 그럴 땐 근무를 끝내고 여가시간을 이용하여 취미를 즐기면 그만이다.

취미는 전문성이 떨어진다고 해서 아무도 이의를 제기하지 않는다. 자기만 즐기고 자신만 만족하면 그만이다. 하지만 직업은 다르다. 직업은 적성이 맞건 안 맞건 전문성과 경쟁력을 확실하게 갖춰야 한다. 어느 업종이건 자신이 몸담은 분야에서 탄탄한 경쟁력과 전문성을 확보하고 상위 1% 안에 들면 명예와 돈이 저절로 따라붙는다는 것이 필자의 지론이다.

글쓰기도 마찬가지이다. 글쓰기가 직업일 때는 확실하게 전문성을 확보해야 한다. 그렇지 않으면 독자가 먼저 알아본다. 아무리 타고난 글쟁이라 할지라도 하루 글을 안 쓰면 본인이 안다고 했다. 이틀간 붓을 놓았다가 글을 쓰면 평론가가 알아본다고 했다. 사흘간 붓을 놓았다가 글을 쓰면 독자가 알아본다고 했다. 아무리 달필가라 해도 글쓰기를 게을리하면 그만큼 녹이 슨다는 의미이다. 가볍게 웃고 넘어가기에는 뼛속에 말이 있듯이 생각하면 생각할수록 무서운 말이다.

평생을 일만 하고 살수는 없다. 근무시간에는 몰입해서 일에 집중하고 근무가 끝나면 스트레스를 풀고 취미생활을 가질 필요가 있다.

초보에서 고수로 올라타기

◆

수정하고 또 수정하라

나는 완벽을 기대하지 않는다. 아니 더 정확히 말해 나의 능력으로 아무리 머리를 싸매고 노력해도 완벽에 이르기는 불가능하다고 믿는다.

바로 이러한 나의 외골수적인 철학이 나를 더 높은 단계로 끌어올리는 원동력이다. 완벽해 지기 위한 노력을 끊임없이 하기 때문이다. 글쓰기에 있어서도 마찬가지다. 내가 쓴 글을 수정하고 또 수정한다.

이미 넘긴 원고라도 계속 읽고 또 읽어가면서 수정하고 다듬기를 반복하다 보면 글의 완성도가 그만큼 높아진다. 심지어 신문에 올린 기사라도 계속 읽고 마음에 안 드는 부분이 있으면 인터넷 신문의 장점을 살려 수정하기를 반복한다.

처음부터 끝까지 내가 만족하는 순간까지 그렇게 계속 읽고 수정하기를 거듭하면서 글의 완성도를 높여나간다.

엑기스만 남을 때까지 압축하라

필자는 인터뷰 기사를 작성할 때 최대한 많은 자료를 확보한다. 그러면서 점점 비중이 적은 내용을 지워나가는 방식으로 글을 쓴다. 그러다 보면 초고에서 완전원고로 넘어가는 마지막까지 수십 번이나 기사를 재작성하는 경우가 비일비재하다.

한 예로 피플코리아에 올라 있는 '클릭이사람 472번 지구촌국제학교 설립한 지구촌사랑나눔 대표 김해성 목사'의 경우 인터뷰를 끝내고 나서 처음 작성한 초고가 원고지 499장(글씨크기 10포인트 A4용지 64장)으로 단행본 한 권 분량이었다.

그리고 비중이 적은 순서대로 계속 줄여나가는 작업을 39차례나 반복하여 기사를 완성하였다. 그만큼 힘이 들고 시간을 많이 빼앗김에도 불구하고 내가 이토록 독특한 인터뷰 글쓰기 방식을 고수하는 이유가 있다.

인터뷰하기 전에 최대한 자료를 모으고 인터뷰에 들어가서는 온 신경을 집중하고 경청하여 인터뷰이의 입에서 나오는 단 한 마디 말도 놓치고 싶지 않기 때문이다. 그러다 보니 인터뷰를 끝나고 나서 처음 작성한 초고 원고는 거의 책 한권 분량이 되기 일쑤다.

처음에는 내용에 신경을 쓰지 않고 그 많은 분량을 모두 나열한다. 이를테면 초고인 셈이다. 나의 원고 초고는 엄밀히 말해 인터뷰 재료에 해당한다고 볼 수 있다. 그 재료는 상품의 품질이 제각각이다. 거기서 계속 등급이 떨어지는 재료를 골라낸다.

10번이고 20번이고 골라내고 또 골라내기를 수없이 반복한다. 그러다 보면 사금(砂金) 광산에서 금을 걸러내듯이 비중이 가벼운 내용은 모두 빠지고 마지막 엑기스만 남는다. 나의 마지막 원고는 이러한 과정을 통해서 작성된다.

오탈자보다 내용에 집중하라

필자는 처음부터 완벽한 기사를 쓸 수 없다는 사실을 스스로 인정하고 인터뷰 기사를 작성할 때 작은 티끌이 모여 거대한 태산을 이루듯 여러 단계를 거친다. 처음에는 인터뷰 기사에 필요한 내용을 빠짐없이 기록한다.

이를테면 질(質)보다 양(量)으로 가장 빠른 시간에 가장 많은 내용을 담아내기 위한 완전 속도전이다. 워드 치는 속도가 고작 100여 타 남짓한 필자의 실력으로 500타보다 더 빠르게 컴퓨터 자판을 두들기다 보면 기사의 절반은 철자가 틀리고 받침도 엉망이다.

하지만 전혀 신경 쓰지 않는다. 기사 작성 초기 단계에서는 오탈자에 신경 쓰지 않고 양질의 기사에 필요한 재료와 내용 확보에 더 큰 비중을 두기 때문이다.

어차피 철자와 받침은 나중에 기사 수정 단계를 거치면서 모두 잡아낸다. 초고에 해당되는 기사를 계속 압축하고 다듬어 나가는 과정에서 오탈자를 세심하게 가려낸다.

거칠게 쓴 처음기사를 읽고 미흡한 부분이 있으면 문장을 고치고 오탈자를 가려내는 과정을 수없이 반복하면서 기사의 완성도를 높여나간다.

필자가 100% 만족할 만한 완전 원고가 나올 때까지 읽고 또 읽고 고치고 또 고치기를 계속한다.

제목을 먼저 생각하라

제목을 먼저 생각하고 인터뷰 기사를 쓰는 습관을 들여라. 필자는 신문기자 20년을 하면서 초반 10년은 편집기자로 근무했다. 그때 취재부서에서 넘어온 원고가 내 손에 들어오기가 무섭게 최대한 빨리 읽고 온갖 아이디어를 동원하여 촌철살인(寸鐵殺人)의 제목을 뽑아내는 일을 수없이 반복했다. 그러한 훈련을 밥 먹듯 하다 보니 아무리 분량이 많은 기사라도 전체 내용을 한 눈에 꿰뚫어 볼 수 있는 단 한 줄의 제목을 만들어내는 노하우가 생겼다.

다른 기자들이 쓴 기사를 읽다 보면 내용도 성격도 천차만별이다. 연합뉴스에서 올라온 기사까지 포함하여 매일 수십 건 이상의 기사를 읽고 제목을 뽑는 작업을 끊임없이 하면서 잘 쓴 글, 함량 미달 글, 기사 비중이 큰 원고를 가려내는 안목도 자연스럽게 키웠다.

그러면서 깨달았다. 처음부터 방향과 주제와 제목을 정해놓고 쓴 글은 연결이 부드럽고 내용이 깔끔하게 이어진다는 사실이다. 목표와 방향을 확실하고 분명하게 정해 놓고 목표를 향해 최선을 다해 노력하는 사람이 성공 가능성이 높은 이치와 마찬가지이다.

말하듯이 글을 써라

필자는 글도 말(言)이라고 생각한다. 그래서 말하듯이 글을 쓰라고 권한다. 논리적이고 조리 있게 말하듯이 써내려간 글을 읽으면 문장이 자연스럽고 거부감이 없다.

필자는 또한 글에도 생명이 붙어있고 활자가 살아서 숨을 쉰다고 믿는다. 여러분도 글이 살아있다고 생각하고 글을 쓰고 읽어보라.

그러면 글에서 기운을 북돋워 주는 에너지가 느껴진다. 글이 꿈틀꿈틀 살아 움직이고 활자로 박혀있는 주인공이 뚜벅뚜벅 현실 세계로 걸어나오는 듯한 생동감이 있다.

필자가 살아 숨쉬는 글을 쓴다는 말을 자주 사용하는 이유가 바로 그 때문이다. 글이 숨을 쉬고 살아있다면 그 글이야말로 필자의 분신(分身)이 아니겠는가. 글에는 글쓴이의 품위가 있다. 입 밖으로 한번 내뱉은 말은 도로 주워담을 수 없듯이 글도 활자화 되어 세상에 나오면 되돌릴 수가 없다.

발 없는 말이 천리 가듯이 글도 한번 세상에 나오면 인터넷 정보의 바다를 통해 천리만리 지구촌 구석구석을 떠돌아다닌다. 역설이지만 글이 살아 움직이기 때문에 그러지 않겠나 하는 생각을 해본다.

가장 생동이 있고 살아있는 느낌을 주는 글은 말하듯이 쓰는 글이다. 말하듯이 글을 쓰는 훈련을 꾸준히 하면 할수록 글쓰기 실력이 일취월장하는 자신을 발견할 수 있다.

장르가 다르기는 하지만 지구상에서 가장 많이 팔린 역대 최고의 베스트셀러는 성경(Bible)이다. 첫 출판 이후 지금까지 60억 권 이상 팔렸으며 지금도 끊임없이 팔리고 있다. 전 세계 인구 60억 명이 1인당 평균 1권꼴로 구입한 셈이다. 그 힘은 어디에서 나오는지 생각해본 적 있는가? 스토리텔러(이야기꾼)가 말하듯이 썼기 때문이다.

성경에 등장하는 예수는 역사상 가장 위대한 스토리텔러이다. 자신의 종교적인 신념을 비유와 이야기를 통해 풀어나가는 능력이 탁월하다. 다시 한 번 강조한다. 말하듯이 글을 써라.

양파껍질처럼 기사를 써라

주제와 제목을 먼저 정해놓고 글을 쓰면 글을 전개해나가는데 큰 무리가 없다. 가장 먼저 제목을 정하고 중요한 순서대로 계속 살을 붙이고 풀어나가는 방식이다.

필자는 이러한 글쓰기 전개를 양파에 비유한다. 양파는 겉껍질을 벗겨내도 계속 속껍질로 둘러싸여 있다. 글쓰기도 양파 껍질처럼 써나가면 의사 전달이 쉽고 명확하다. 그러면서 가장 중요한 순서대로 덧붙여나가면 금상첨화이다.

양파 껍질 같은 글쓰기를 하기 위해서는 기사를 쓰기 전에 먼저 제목을 정해야 한다. 주제와 제목만 정해놓으면 원고지 10장이건 20장이건 상관없다. 쓰고자 하는 분량만큼 제목에 맞춰 중요한 순서대로 살을 붙여나가면 된다. 역으로 기사가 넘치면 끝에서부터 한 줄 한 줄 쳐내면 된다. 뒤에서부터 순서대로 아무리 쳐내도 기사 흐름이 끊기지 않는다. 최악의 경우 뒤에서부터 기사를 사정없이 쳐내도 남아 있는 기사가 제구실을 다 해낸다.

오탈자 교정은 나중에 한다

원고가 마무리 단계에 접어들었으면 가장 신경 써야 할 부분이 오탈자를 찾아내고 문장을 매끄럽게 다듬는 일이다. 제품을 만들어내는 모든 공정에서 마무리가 중요하듯 기사도 마찬가지로 오탈자를 철저하게 잡아내야 한다.

기사의 완성도가 99%라 할지라도 단 1%의 문제가 있으면 그 기사는 존재가치가 없는 쓰레기나 다름없다. 더욱이 신문에 나간 기사에 오탈자가 있다면 그 기사는 빵점이다. 막말로 온갖 고생을 다한 끝에 분신이나 마찬가지인 자신의 이름을 달고 내보낸 기사에 오탈자가 숨어 있다면 두고두고 치욕으로 남을 일이다.

인터뷰와 글쓰기 고수의 비결

◆

자신이 먼저 리더가 되라

생각이 결과를 만들고 생각대로 굴러간다. 너무 흔히 듣는 말이라서 듣고도 무심코 넘어갈 수 있겠지만 생각의 차이는 실로 엄청나다. 무슨 일을 할 때 시작도 하기 전에 지레 겁을 먹고 부정적으로 생각하면 부정적인 결과를 초래하고 긍정적으로 생각하면 긍정적인 결과를 초래하는 경우를 주변에서 수없이 봤다.

필자 역시 인터뷰 전문기자로 활동하면서 위험에 직면한 적이 한 두 번이 아니다. 그럴 때마다 위기에서 빠져 나오는 기적을 체험했다. 그러면서 확신했다. 사람이 갑작스럽게 뜻하지 않은 위기에 처하면 평소 생각했던 대로 행동한다는 사실이다. 그래서 평소 행동과 생각이 중요하다.

물질적으로 풍요로움을 누리기는 어렵겠지만 부(富)나 명예와 상관없이 밝고 긍정적인 사고로 언행이 일치하며 다른 사람이 본받을 만한 세상의 리더가 되겠다는 생각으로 살아간다면 자기도 모르게 그쪽으로 닮아간다고 확신한다.

인터뷰 전문기자로 활동하면서 평소 몸에 배었던 긍정의 힘이 취재 길에 수많은 위험에 처할 때마다 본능적으로 튀어나와 나를 위기에서 구해내는 기적을 몸소 체험했기 때문이다.

리더가 되려면 자신이 먼저 모범을 보여야 한다.

말 따로 글 따로 행동 따로 움직인다면 그만큼 신뢰감이 떨어짐은 당연지사 아니겠는가. 1년 365일 언제 봐도 언행이 일치하고 긍정적이며 적극적인 마인드로 자기브랜드를 일관성 있게 유지하는 인터뷰 전문기자가 쓰는 기사에는 세상을 움직이는 힘이 실려 있다.

배짱을 키우고 강심장이 되라

기사를 쓰다 보면 본의 아니게 기사 내용에 불만을 품는 사람들과 부닥치는 일이 많이 생긴다. 필자의 경우 경향닷컴 편집국장 시절 실미도 684 김일성주석궁폭파부대 다큐멘터리 시리즈를 1년간 연재하면서 살해협박을 받은 적이 있다.

역사의 희생양이 되어버린 실미도 684부대 공작원의 억울한 죽음을 규명하는 시리즈가 장기 연재로 이어지면서 기사 내용에 불만을 품은 기간요원 출신이 서울 남대문 근처 지하다방에서 만나자고 전화가 왔다. 자리에 앉자마자 대뜸 하는 말이 소름끼치는 협박이었다.

"어이, 김명수 기자! 당신 모가지가 몇 개라도 되는 줄 아나? 이미 끝난 30년 전 일을 왜 다시 꺼내 세상을 시끄럽게 하느냐. 당장 연재를 중단하지 않으면 살아남지 못할 줄 알아라.”

내가 그의 협박에 굴복하고 꽁지를 내렸다면 그 즉시 684부대 시리즈 연재를 중단했을지도 모른다. 하지만 나는 그 협박에 더 힘이 나고 묘한 쾌감과 오기가 솟았다. 순간 내 입에서 불쑥 이런 말이 튀어나왔다.

“내가 그런 협박에 굴복할거라면 아예 연재를 시작도 안했다. 내 목에 칼이 들어와도 나는 연재를 계속 한다. 아니 뒤틀리고 은폐된 역사의 진실을 내 손으로 파헤치고 바로 잡는 연재를 하다가 죽는다면 나는 최고의 영광으로 생각하겠다.”

살해 협박에 겁을 먹을 줄 알았던 그의 예상과 달리 오히려 더 세게 나오는 나의 강성 발언에 그는 설득을 포기하고 자리를 떴다.

또 한 번은 북파공작원 관련 기사를 연재하면서 기사를 수정해달라는 요청을 끈질기게 받은 적이 있다. 물론 들어주지 않았다. 그러자 그 북파공작원 출신은 “그 아무리 강하다는 사람도 내 앞에서 굴복하지 않은 자가 없었는데 김명수 기자한테는 내가 못 당하겠소이다” 하면서 이런 메일을 나에게 보내왔다. 그 글을 공개한다.

“수고하셨습니다. 사회정의를 위해 물불 가리지 않고 뛰어온 그대에게 뜨거운 찬사를 보내드립니다. 어느 매체에서도 정보기관의 서슬 퍼런 압력에 몸 사리던 시절에도 피플코리아 김명수 기자는 북파공작원 문제를 서슴지 않고 기사화시키고 보도했습니다. 어디서 그런 용맹스런 기백이 나올까?

어디를 보아도 왜소한 체격의 소유자인데 당신의 정신력이 바로 언론의 정의감이 아닌가 생각합니다. 그렇습니다. '칼은 펜을 꺾지 못한다' 라는 말을 실감케 하는 피플코리아의 무궁한 발전을 기대합니다. 대한민국 북파공작원을 대변하여 감사의 말씀 올리며 이번 일은 전화위복이 될 것입니다. 뜻 하시는 바 모두 이루시기를 기원 드리겠습니다. 감사합니다."

이해관계가 걸린 기사를 쓰다 보면 협박을 당하는 일은 흔히 일어난다. 그럴 때 물러서면 더이상 기자가 아니다. 자신이 쓰는 기사가 옳다고 확신하면 목에 칼이 들어와도 뜻을 굽히지 않는 강심장과 배짱이 필요하다.

그러다 보면 독자가 신뢰하고 더 나아가 시류에 영합하지 않는 정론 직필의 기자라는 명성도 덤으로 얻을 수 있다.

악플에 연연하지 마라

당신이 심혈을 기울여 작성한 기사가 신문에 올라가자마자 악플(악의적 댓글)이 주렁주렁 달린다면 당신의 기분이 어떨까? 물어보나 마나 좋을 리가 없다. 하지만 인터뷰와 글쓰기를 전문으로 하는 기자라면 어차피 넘어야 할 벽이다.

필자가 아는 한 후배 기자는 자신이 쓴 기사에 악플이 달릴까봐 노이로제가 걸리다시피 했다. 악플이 달리면 그날은 하루 종일 기분 나빠 일이 손에 안 잡힌다고 하소연한다. 결국 그는 악플이 두려워 기사를 쓸 때 실명 대신 가명을 쓴다. 정론을 펼쳐야 할 기자가 악플에 이리저리 끌려 다니는 꼴이다.

필자는 맹세코 말한다. 당신의 글에 최악의 악플이 달린다 해도 노하거나 슬퍼하지 말라. 악성 댓글에 신경을 쓰다 보면 죽도 밥도 안 된다. 그냥 무시하고 넘어가라. 필자 역시 인터뷰와 글쓰기를 천직으로 삼고 살아오면서 끝없는 악플에 시달려왔다.

어떤 악플러(악플을 다는 사람)는 아예 기사 내용과 상관없이 악의적으로 작심하고 달려든다. 그러한 경우를 계속 당하다 보니 필자는 이제 면역이 되었다. 어떤 악플이 달려도 신경 쓰지 않는다. 개미를 가지고 실험한 통계 기사를 읽은 적이 있다. 기억을 떠올리면 이렇다.

10만 마리의 개미가 있다. 그 중에서 7만 마리는 열심히 일하고 나머지 3만 마리는 놀기만 한다. 놀기만 하는 개미 3만 마리를 분리시키고 열심히 일하는 개미 7만 마리를 모아놓자 7만 마리 중에서 다시 70%만 열심히 일하고 나머지 30%는 놀기만 한다.

더욱 놀라운 놀기만 하는 개미 3만 마리를 분리시켜 놓았더니 그 중에서 70%는 일하는 개미로 바뀌었다고 한다. 그 이유를 분석하려면 머리가 복잡하니 생략하기로 하자. 다만 여기서 필자는 어느 집단이건 30%는 삐딱하게 나간다는 사실을 알았고 기사의 악플에 대한 정의를 내렸다.

아무리 좋은 기사를 쓰더라도 30%는 기사 내용과 상관없이 악플이 달릴 수 있다고 본다. 그러한 정의를 내리고부터 기사에 악플이 달려도 신경 쓰지 않기로 했다. 보기 민망한 악플이 달려도 그냥 웃고 넘어갈 수 있는 배짱이 생겼다.

최상의 건강상태로 유지하라

인터뷰 기자는 특히 몸과 마음이 건강해야 한다. 인터뷰 기자가 건강하지 않고 비실비실한 모습으로 인터뷰 장소에 나타나 인터뷰를 진행한다고 가정해보자. 인터뷰이는 인터뷰고 뭐고 다 때려치우고 비실비실한 기자를 병원으로 당장 보내고 싶지 않겠는가? 그러한 상태에서는 인터뷰가 제대로 이루어질 수 없다.

필자는 인터뷰이를 만나러 갈 때 꼭 목욕을 한다. 인터뷰 사전 단계로 심신을 최상의 상태로 끌어올리고 마음을 다잡기 위한 일종의 정신무장이다.

그리고는 인터뷰이와 마주 앉아 인터뷰를 진행하는 동안 최대한 밝고 건강한 표정으로 상대와 눈을 맞추고 끝까지 경청한다.

그러면 인터뷰이는 생글생글하고 웃음이 넘치는 인터뷰 기자를 보는 자체만으로도 기운을 얻고 힘이 솟는다며 마음의 문을 활짝 열고 인터뷰에 응한다. 인터뷰가 진행될수록 분위기가 무르익으면서 그 누구에게도 털어놓지 않은 깊은 속마음을 다 털어놓는다.

아무리 처음 만난 인터뷰이라도 필자가 두 시간만 만나면 평생을 벗으로 지내온 죽마고우보다 더 많은 정보를 얻는 비결이 바로 그것이다.

인터뷰이의 정체성을 찾아줘라

인터뷰 주인공을 인터뷰하면서 필자가 흔히 겪는 어려움 중의 하나는 인터뷰이의 정체성이 뭔지 분명하게 짚고 넘어가는 일이다. 사회의 롤 모델이 될 만한 가치가 있는 사람이라 할지라도 자신의 정체성이 뭔지 분명하게 딱 꼬집어서 말해달라고 하면 대부분 대답이 막힌다.

그럴 때 다시 묻는다. 서로 얼굴을 전혀 모르는 공개석상에서 단상에 오른 자신이 어떤 사람이고 무슨 일을 하는지 가장 분명하고 정확하게 단 한 줄로 자기소개를 한다면 어떻게 소개를 하겠느냐고 묻는다. 하지만 십중팔구는 아무리 머리를 싸매고 자신의 정체성을 찾아내려고 고민해도 쉽사리 답이 나오지 못한다.

지금까지 살면서 가장 중요한 자신의 정체성을 정확하게 세워놓지 않았다는 증거이다. 막말로 발이 땀나도록 열심히 살고 있지만 정녕 내가 무엇 때문에 무엇을 위해서 왜 그토록 바쁘게 뛰는지 진지하게 고민을 해보지 않았다는 결과가 나온다.

87 여기서 인터뷰 전문기자의 능력이 판가름난다. 인터뷰 기자는 인터뷰 기사를 쓸 때 인터뷰이가 어떤 사람이고 무슨 일을 하며 무슨 생각으로 세상을 살아가는지 분명하고 확실하게 정체성을 찾아내야 한다.

그리고 또 하나 최대한 장점을 끌어올리고 사회의 롤 모델이 될 만한 가치를 끄집어내어 인터뷰 주인공에게 생애 최고의 순간으로 기억할 수 있도록 인터뷰 기사를 써야 한다. 사람은 누구나 장점과 단점이 섞여 있다. 단점을 캐내고 사람을 깎아내리려면 한도 끝도 없다.

안 그래도 칙칙하고 각박한 세상에 굳이 단점을 들먹여 상대를 깎아내리기보다는 교훈적이고 숨은 장점을 찾아내어 세상을 조금이라도 밝고 긍정적인 쪽으로 끌고 간다면 인터뷰 전문기자로서 장수할 수 있는 최고의 덕목이라 할 수 있다.

오감으로 글을 써라

머리만 굴려서 기사를 쓰지 말고 온몸을 동원하여 오감으로 글을 써라. 말은 쉽지만 이를 실천하기가 쉽지 않다. 그러기 위해서는 발이 땀나게 현장을 찾아다니고 허드렛일을 마다하지 않아야 하기 때문이다. 출입처에서 뿌려주는 '보도자료'만 받아 기사를 쓰기에 익숙한 기자라면 그리 하기가 더욱 어렵다.

그래서 필자는 인터뷰를 잡탕 노가다라고 표현한다. 펄펄 살아 숨 쉬는 글을 쓰기 위해서는 실제로 그 바닥에 있는 다양한 사람들의 일상 속으로 뛰어들어 현장 체험을 하면서 피부로 느껴야 가능하다고 보기 때문이다.

현장체험을 하면서 인터뷰 글쓰기를 하다 보니 언제부턴가 필자에게 살아 숨 쉬는 글을 쓰는 인터뷰 기자라는 별칭이 따라붙었다. 그 말이 필자에게는 더 없는 영광이자 훈장이다.

질문하고 또 질문하라

100번을 강조해도 더 강조하고 싶은 말이다. 아는 길도 물어보고 돌다리도 두들겨 보고 건너라는 말이 있다. 질문을 많이 하면 할수록 양질의 기사가 나온다.

하지만 질문에도 노하우가 있다. 명문대 출신 신문기자가 처음으로 인터뷰를 하러가서 자리에 앉자마자 "직업이 뭡니까, 나이가 몇 살입니까?" 물어봤다가 그 자리에서 쫓겨났다는 일화가 있다.

사전 자료 조사를 제대로 하지 못한 인터뷰어의 실수도 있지만 질문하는 요령이 부족한 탓이 더 크다. 필자도 인터뷰 주인공의 면전에서 나이와 직업을 자주 묻는다. 하지만 묻는 차원이 다르다. 예를 들면 이렇다.

"선생님 제가 인터넷 검색으로 알아본 자료에 의하면 42세, 43세, 44세로 기사마다 나이가 다르고 현재 A대학 학장님으로 나와 있습니다. 결례인 줄 알지만 오해하지 마시고요. 아는 길도 물어가라는 식으로 확인하는 차원에서 다시 한 번 물어봐도 되겠습니까?"

그러면 아무런 부담감 없이 인터뷰이 스스로 자신의 생년월일을 정확히 알려준다. 그게 바로 스킬이다.

자신을 홍보하라

2011년 1월 미국 애리조나 주에서 총기난사 사건이 발생하여 6명이 사망했다. 버락 오바마 대통령은 이 사건의 희생자 추모식 연설 도중 침묵을 통해 미국인의 심금을 울렸다.

오바마 대통령은 최연소 희생자인 크리스티나 그린(9) 양을 언급한 이후 말의 연설 대신 51초간 침묵하여 청중들의 눈시울을 뜨겁게 했다.

당시 오바마 대통령의 추모 연설은 10여 차례 이상 기립박수를 받을 정도로 웅변보다 강한 침묵의 힘을 보여준 명연설이었다.

그러나 침묵이 통하지 않을 때도 있다. 인터뷰 전문기자의 경우 특히 그렇다. 21세기는 자기 PR시대이다. 우후죽순처럼 생겼다가 사라지기를 반복하는 1인 기업에서 대기업에 이르기까지 기업은 기업대로 자사 브랜드를 널리 알리고 시장공략을 위한 홍보 마케팅에 사활을 걸고 총성 없는 총

력전을 펼치고 있다.

침묵이 미덕이던 시대는 지났다. 인터뷰 기자가 침묵하면 단 한 줄의 기사도 쓰기 어렵다. 인터뷰 기자는 자신의 브랜드를 구축하기 위한 피나는 노력을 해야 한다. 자신의 정체성을 확실하게 굳혀야 한다.

필자는 취재원을 만날 때마다 나를 홍보해왔다. 가장 짧은 시간에 가장 정확하게 뇌리에 콱 박힐 수 있도록 끊임없이 노력했다. 필자가 인터뷰 전문기자로 세상에 많이 알려지지 않은 초창기에는 취재원들에게 나를 인식시키기 위해 두 가지를 강조했다.

"대한민국에서 유일하게 인터뷰만 전문으로 하는 인터뷰신문 피플코리아를 운영하면서 인터뷰만 전문으로 하는 인터뷰 전문기자 김명수입니다. 경향닷컴 편집국장을 끝으로 20년간 몸담아온 현역 언론인 생활을 청산하고 밝고 건전한 세상을 추구하는 피플코리아를 창간하여 우리사회의 진정한 롤 모델이 될 만한 인물을 끊임없이 발굴하고 인터뷰를 통해 세상에 알리는 일을 천직으로 삼고 살아가고 있습니다."

때와 장소를 가리지 않고 만나는 사람마다 백번이고 천 번이고 똑같은 말을 되풀이 했다. 그러다 보니 취재원들에게 언제 누구를 만나도 항상 똑같은 모습으로 변함없이 인터뷰 전문기자로 발이 땀나게 뛰어다니는 사람으로 알려지기 시작했다.

세월이 흘러 인터뷰 전문 신문 피플코리아와 인터뷰 전문 김명수 기자가 많이 알려지기 시작하면서 필자의 홍보 전략도 업그레이드되었다. 홍보 전략을 업그레이드 시킨 이후에도 역시 취재원에게 나를 인식시키기 위해 두

가지를 강조했다.

"대한민국에서 유일한 기록 두가지를 가지고 있는 김명수입니다. 하나는 실미도 원작자입니다. 실미도가 이슈화되기 이전에 경향닷컴 편집국장으로 있으면서 1년 동안 실미도 684부대 다큐멘터리 시리즈를 연재하였습니다. 이 시리즈가 1,000만 관객을 국내 처음으로 돌파한 영화 실미도의 토대가 되었습니다. 또 하나는 대한민국에서 심층 인터뷰를 가장 많이 한 인터뷰 전문기자입니다. 10년 동안 700명이 넘는 인물을 집중 인터뷰했습니다. 이 두 가지는 인터뷰 전문기자 김명수가 가지고 있는 국내 유일한 기록입니다."

아무리 처음 만난 취재원이라도 이 두 가지를 말하면 몇 년이 지나도 인터뷰 전문기자 김명수를 확실하게 기억한다. 인터뷰 전문기자 고수로 롱런하려면 자기 브랜드를 잘 관리하고 홍보해야 한다.

Chapter

03

성공! |실전 |인터뷰

24시간 360도 인물 발굴 안테나를 세우고 다녀라. 인터뷰 주인공을 발굴하기 위해서는 백사장에서 바늘 찾는 심정으로 끊임없이 노력해야 한다. 어디에 있더라도 자기 주변에 있는 사람들의 이야기에 귀를 기울여라.

인터뷰이 발굴 사례

인물 발굴 안테나를 세워라

인터뷰 전문기자로 활동하면서 방송작가나 후배 기자들로부터 인터뷰에 관한 질문을 종종 받는다. 가장 많이 받는 질문은 인터뷰 주인공을 소개해달라는 요청이다. 또 하나는 조건에 딱 맞는 인터뷰 주인공을 어떻게 찾아내고 어떻게 섭외하는지 그 노하우를 알고 싶어한다.

사실 참신하고 새로운 인터뷰감 인물 발굴은 누구에게나 쉽지 않다. 10년 넘게 인터뷰 주인공을 발굴하고 소개하고 알리는 일만 전문으로 해온 필자에게도 인물 발굴은 여전히 어려운 숙제임에 틀림없다.

실제로 필자는 취재원들에게 참신하고 우리사회의 진정한 롤 모델이 될 만한 인물을 소개해달라고 입버릇처럼 말한다. 누구에게나 평생 살면서 자신의 주변에 그러한 사람 한두 명 정도는 존재한다고 보기 때문이다.

하지만 결과론적으로 말하면 피플코리아가 요구하는 조건에 들어맞는 인물 한 명 추천 받기도 하늘의 별따기이다. 자기 주변에 빵빵한 인맥 네트

워크를 자랑하는 사람이라도 막상 파고 들어가면 단 1명 건지기가 힘들다.

오죽하면 막강 파워를 자랑하는 방송사 지원을 받으면서 휴먼다큐 프로를 담당하는 방송작가들도 홀로 고군분투하며 1인 미디어 기자로 활동하는 필자에게 인물 소개를 부탁할까?

인터뷰 섭외는 더 어렵다. 인터뷰 전문기자들도 인터뷰 진행 과정에서 인터뷰 주인공 섭외가 가장 어렵다고 하소연한다. 인터뷰 주인공이 될 만한 인물을 어렵게 찾아냈다 하더라도 인터뷰 요청 공문 발송으로 당사자가 덜컥 수락하면 좋겠지만 인터뷰에 응하지 않는 경우가 비일비재하다.

이럴 때 인터뷰 기자는 난감하기 짝이 없다. 그렇다고 포기하면 인터뷰 전문기자의 굴욕이다. 온갖 작전을 동원해서라도 인터뷰에 응하도록 머리를 짜내고 최선을 다해야 한다.

인터뷰 주인공을 발굴하기 위해서는 바닷가 백사장에서 바늘 찾는 심정으로 끊임없이 노력해야 한다. 물론 이미 알려진 유명 인사를 인터뷰하는 경우도 많이 있다. 하지만 새롭고 참신한 인물을 인터뷰하고 싶다면 그쪽으로 늘 촉각을 곤두세우고 있어야 한다.

영화감독이 시나리오 성격에 맞는 신인배우를 캐스팅하는 마음으로 불철주야 인물 발굴 노력을 하다 보면 그토록 간절히 찾던 인터뷰이가 어느 날 불쑥 내 눈앞에 나타날 때가 있다. 그럴 때 기회를 꽉 잡아라.

사람들의 이야기에 귀를 기울여라

지하철이나 버스를 탔을 때 또는 식당, 공원, 술집 등 어디에 있더라도 항상 자기 주변에 있는 사람들을 주목하고 그들의 이야기에 귀를 기울여라. 그러면 뜻하지 않은 인물 정보를 얻을 수 있다.

필자는 얼굴을 아는 사람이건 처음 보는 사람이건 눈에 띄는 모든 사람들을 꼼꼼하게 관찰하는 습관이 몸에 배었다. 그리고 옆 사람들이 주고받는 이야기를 귀담아듣는다. 그렇게 주워들은 말에서 글쓰기 소재와 영감을 얻기도 하고 운이 좋으면 인터뷰 주인공을 발굴하는 행운도 누릴 수 있다.

신문, 잡지, 방송, 인터넷을 살펴라

인터뷰 주인공을 찾기 위한 인터뷰 전문기자의 숨바꼭질은 끝이 없다. 필자는 티끌만한 인물 정보라도 얻고 싶은 열망으로 틈날 때마다 신문 잡지를 즐겨 읽는다. 그리고 언제나 가동할 수 있는 넷북을 휴대하고 다니면서 인터넷 검색을 부지런히 한다.

인터뷰 주인공으로 소개할 만한 인물이 나타나기를 기대하는 간절한 마음으로 세월이 지난 인물까지 인터넷으로 샅샅이 검색하여 살피고 또 살피기를 반복한다. 라디오 방송도 필자에게는 빼놓을 수 없는 인터뷰 주인공 발굴 창고이다.

라디오 방송을 듣다가 필이 꽂히는 인물이 나오면 즉시 메모를 해뒀다가 적절한 타이밍에 방송국으로 수소문하여 인터뷰를 한다. 세계 여자프로권투 7대 기구 타이틀을 돌아가면서 모두 획득한 여자 복싱 영웅 김주희 선수도 그렇게 해서 찾아냈다.

라디오 방송에 출연한 인물의 이야기를 듣다 보면 어느 순간 인터뷰해도 좋겠다는 느낌이 온다. 백사장에 떨어진 바늘을 찾는 심정으로 지금 이 순간도 최적의 인터뷰 주인공을 발굴하기 위한 숨바꼭질을 계속하고 있다.

전단지, 광고에도 인터뷰이가 숨어 있다

전신주에 붙어있는 광고, 길거리에 뿌려지는 전단지, 신문에 끼어있는 유인물 등에도 인터뷰 주인공이 숨어 있다. 피플코리아에 인터뷰 주인공으로 올라 있는 '이름이 운명을 바꾼 구필림'은 서울 상계동 노원역 주변에 뿌려진 전단지를 보고 발굴한 인물이다.

사진관을 운영하는 사장의 실명이 사진 필름을 연상시키는 구필림이라는 내용을 읽는 순간 '빵' 터졌다. 망설임 없이 전단지에 적힌 전화로 다이얼을 돌려 약속을 잡고 인터뷰를 했다.

필자의 예상대로 기사가 올라가자마자 방송출연 요청이 쏟아지고 인터뷰 주인공 구필림 사장은 일약 뉴스메이커로 떠올랐다. 길가에 뿌려진 전단지를 눈여겨보고 인터뷰 주인공을 발굴하여 '대박'을 친 사례이다.

인물 리스트를 작성하라

곡간에 쌀을 비축하듯 인터뷰 하고 싶은 사람을 평소에 메모하고 리스트를 작성하여 거기에 맞는 사람이 나타날 때까지 찾고 또 찾아라. 어떤 분야에 어떤 인물을 인터뷰 대상자로 삼을지 미리 미리 준비하고 우선순위와 기준을 정하여 계획대로 실행에 옮기면 인물 인터뷰를 지속적으로 진행해나가는 데 큰 도움이 된다.

주변 사람에게 부탁하라

유능한 인터뷰 전문기자로 장수하려면 인터뷰할만한 인물을 끊임없이 발굴하는 능력이 있어야 한다. 인물이 중복되지 말아야 하며, 자기 분야에서 최고의 전문성을 확보해야 하고, 누가 봐도 본받을 만한 가치가 있어야 하며, 새롭고 참신하고 공익적인 삶을 살아가는 사람이라면 인터뷰 주인공으로 손색이 없다.

하지만 새로운 인물을 끊임없이 발굴하기란 낙타가 바늘구멍으로 들어가기만큼이나 어렵다. 그렇다고 포기하면 그걸로 끝이다. 목마른 자가 우물을 판다고 했다.

주변 사람들에게 인터뷰할 가치가 있는 사람, 빛과 소금 같은 사람이 있으면 추천해 달라고 부탁해놓아라. 닮고 싶은 인물이나 가장 가치 있는 삶을 살고 있다고 생각하는 사람이 주변에 있으면 추천해달라고 미리 주문을 해 놓아라. 그러면 뜻하지 않게 인터뷰 주인공을 추천받는 행운을 누릴 수 있다. 필자도 그렇게 해서 인터뷰 주인공을 많이 소개 받았다.

택시 기사에게 부탁하라

어부가 그물을 강물에 던져 물고기를 건져 올리듯 인터뷰 전문기자는 인터뷰 주인공을 건져 올릴 수 있는 그물을 항상 가지고 다녀야 한다. 필자는 택시를 탈 때도 새로운 인물 발굴을 위한 절호의 기회로 활용한다. 택시 기사들은 많은 인물들을 손님으로 태운다. 그러다 보니 선거철에 택시기사의 정보를 빌리면 정확한 판세를 읽을 수 있다는 말이 나돌 정도로 승객들로부터 주워듣는 정보가 많다.

필자가 그런 택시기사의 정보를 놓칠 리가 없다. 택시를 타면 무조건 택시기사에게 필자의 소개를 한다. 그리고 그런 사람 있으면 언제 어느 때고 연락을 해달라고 부탁한다.

그렇게 해서 꽤 많은 인물을 인터뷰했다. 택시기사와 이야기를 주고받다 필자를 태운 택시기사 장본인을 인터뷰한 적도 여러 번 있다. 노래하는 택시기사 스와니림도 그렇게 만나서 인터뷰했다.

인터뷰 주인공 섭외 사례

◆

독자를 팔아라

인터뷰 주인공을 섭외할 때 필자가 자주 활용하는 방식이다. 어렵게 인터뷰 주인공을 찾아냈더라도 당사자가 인터뷰를 고사하는 경우가 많다. 필자도 이러한 경우를 수없이 많이 겪었다.

특히 인터뷰 기자 초년병 시절에 어렵게 찾아낸 인터뷰이가 인터뷰 제의를 거부할 경위 어떻게 설득을 시켜야 할지 노심초사하다 못해 노이로제에 걸릴 지경이었다.

제 아무리 평양감사 자리라도 본인이 싫다면 방법이 없다지만 그러면서 노하우를 터득했다. 피플코리아 인터뷰 주인공으로 어떤 인물을 모시면 좋겠는지 자체 설문조사를 실시한 결과 '독자가 추천한 인물 1위'라는 멘트를 강조하면서 정중하게 인터뷰를 요청한다.

그러면 성사가능성이 월등히 높아진다. 쉽사리 거절할 명분을 찾기가 그만큼 어렵다는 뜻이다. 미운 짓만 골라서 하는 정치인도 툭하면 국민을 파는 이유는 그래야 조금이라도 먹힌다는 사실을 너무나 잘 알기 때문이다.

릴레이 추천을 받아라

인터뷰 주인공을 인터뷰하고 나서 인터뷰이로부터 다음 인터뷰 대상자를 직접 추천 받는 방식이다.

비수기를 활용하라

배추 한 포기 가격이 생산 농가의 작황 부진에 따른 품귀 현상으로 한 때 1만 5,000원을 웃돈 적이 있다. 하지만 반대로 출하가 넘치면 배추 값이 1,000원 이하로 폭락하여 생산비도 못 건지기 일쑤이다. 상황은 다르지만 매스컴에 오르는 인물도 마찬가지 이론이 적용된다.

모든 언론사가 경쟁하듯 한꺼번에 인터뷰를 하겠다고 몰려들면 이름값이 크게 오를 뿐만 아니라 인터뷰 기회를 잡기도 힘들다. 발행부수 200만 부를 자랑하는 메이저 언론사라면 사세를 앞세워 인터뷰가 통할지 모르지만 1인 미디어로 활동하는 필자의 경우 그럴 때 인터뷰를 하기도 어렵지만 인터뷰를 했다 하더라도 크게 빛이 안 난다.

그러다 보니 나름대로 언제 어떻게 인터뷰를 하면 극대효과를 누릴 수 있을까 고민 끝에 한 가지 묘안을 찾아냈다. 속보성만 크게 문제되지 않는다면 굳이 모든 언론들이 한꺼번에 달라붙어 인터뷰를 하는 시기와 다소 시차를 두고 느긋하게 인터뷰를 진행한다. 이를테면 비수기를 적극적으로 활용하는 전략이다.

예비 목록으로 단계별로 공략하라

인터뷰대상자 리스트를 미리 작성해서 우선순위를 정해놓고 단계별로 공략하는 전략도 좋은 방법이다. 대학 졸업을 앞둔 취업준비생이 원하는 회사에 합격하기 위해서 치밀하게 준비하여 바늘구멍보다 좁은 취업문을 뚫듯이 인터뷰 기자 역시 인터뷰 대상자가 정해졌으면 어떻게 공략할지 최선의 전략을 짜서 적절한 타이밍에 인터뷰 요청을 한다.

한번 거부당했다고 포기하지 마라

인터뷰를 요청하였다가 냉정하게 거부당했다고 해도 포기하지 말라. 그럴 때가 오히려 기회가 될 수 있다. 인터뷰를 사양한다는 말이 나올 때 인터뷰 기자의 후속 반응이 성패를 좌우한다. 그럴 때 반드시 이렇게 대답하라.

“분명하게 의사표현을 해주셔서 감사합니다. 이번에 바쁘셔서 시간을 낼 수 없다하더라도 다음에 부탁하면 꼭 들어주시면 고맙겠습니다.” 그러면 다음에 다시 인터뷰 요청을 하면 십중팔구 인터뷰에 응해준다.

이메일을 활용하라

인터뷰를 요청하였을 때 전화로 구구절절 인터뷰 기자가 누구이고 무슨 목적으로 인터뷰를 요청하는지 설명하기가 쉽지 않다. 이럴 때 인터뷰 대상자가 그 자리서 오케이 하는 경우도 있지만 대부분은 공문을 팩스로 보내달라고 하거나 아니면 이메일을 보내달라고 한다. 보고 나서 인터뷰 수락 여부를 결정하겠다는 뜻이다. 이럴 때 이메일을 어떻게 작성하느냐가 인터뷰 성패를 좌우한다.

섭외 과정에서 인터뷰어는 인터뷰이를 설득하기 위해 피를 말리는 기 싸움을 벌인다. 필자는 이러한 경험을 수없이 했다. 그러면서 최선의 필승전략을 찾아냈다. 때로는 감성에 호소하고 때로는 정공법을 구사하는 등 인터뷰이가 누구냐에 따라 철저하게 맞춤형 이메일로 공략한다.

전화를 공략하라

전화 통화는 화자(話者)가 어떻게 말하느냐에 따라 상대방의 마음을 움직이는 얼굴 없는 천사가 될 수도 있고 악마로 변할 수도 있다. 특히 상대방이 나를 전혀 모르는 상태에서 일방적으로 다이얼을 돌렸다면 더욱 그렇다. 필자는 전화로 인터뷰 대상자를 섭외할 때가 많다. 처음에는 거절을 많이 당했지만 노하우가 쌓이면서 필자만의 독특한 공략법을 터득했다.

상대방이 나를 전혀 모르는 상태에서 전화로 섭외해서 인터뷰 수락을 얻어낼 때 그 기쁨은 이루 다 말로 표현 못한다. 피플코리아 클릭이사람 452번으로 소개한 닭꼬치 노점상에서 70개 가맹점으로 성장한 '꼬지와 친구들' 장정윤 사장의 경우도 전화 섭외로 인터뷰 수락을 얻어냈다.

처음에 프랜차이즈 본사 홈페이지에 들어가 회사 전화번호를 알아내고 무조건 전화를 걸어 장정윤 사장님과 통화하고 싶다고 했다. 그때 그 표현 그대로 옮겨본다.

"제가 장정윤 사장입니다. 무슨 일로 전화를 하셨나요?

"저는 밝고 건전한 세상을 추구하는 인터뷰 전문 신문 피플코리아를 운영하는 김명수 기자라고 합니다. 장정윤 사장님을 인터뷰 하고 싶어서 전화 드렸습니다."

"저는 인터뷰 안합니다. 죄송합니다."

"잠깐만요. 인터뷰를 안 하셔도 좋습니다. 1분만이라도 제 얘기를 들어주시고 그래도 마음이 없으시면 제가 고맙게 포기하겠습니다."

"예, 말씀하세요."

"지금 세상이 너무 어렵습니다. 젊은 사람들에게 장 정윤 사장님을 피플코리아에 소개하면 장 사장님이 지금까지 걸어온 삶 자체만으로도 많은 용기와 힘이 될 것 같습니다. 취업하기가 바늘구멍보다 더 좁고 88만원세대에 대학 문을 나서도 일자리를 못 구해 좌절하는 젊은 사람들에게 용기와 꿈을 주기 위한 욕심이 앞서서 어떻게 해서라도 장사장님을 인터뷰하고 싶은 마음이 굴뚝같지만 사양하신다면 어쩔 수 없는 일이지요. 장사장님 제 말씀을 들어주신 것만으로도 감사합니다. 이번에 인터뷰를 못하시더라도 다음에 인터뷰할 마음이 생기시면 그때라도 꼭 연락 주시면 감사하겠습니다. 제 말씀 끝까지 들어주셔서 감사합니다."

"잠깐만요."

"예?"

"저 인터뷰 하겠습니다. 저 인터뷰 꼭 하고 싶습니다. 저 인터뷰할 수 있는 기회를 주시면 고맙겠습니다."

“예? 인터뷰를 하시겠다고요? 왜 갑자기 마음이 바뀌셨습니까?”

“그냥 갑자기 그런 생각이 나도 모르게 들었습니다. 김 선생님 말씀 듣고 나서 김 선생님을 만나지 않으면 후회할 것 같습니다. 저 꼭 인터뷰 해주세요?”

“감사합니다. 제가 멋진 기사로 보답하겠습니다.”

생판 얼굴도 모르는 사람과의 첫 전화 통화로 이렇게 아슬아슬한 섭외과정을 거쳐 인터뷰 허락을 받아냈다. 다시 한 번 강조하지만 전화 통화는 이토록 화자가 어떻게 말하느냐에 따라 얼굴 없는 천사가 될 수도 있고 얼굴 없는 악마로 변할 수도 있다.

약속을 하면 칼같이 지켜라

인터뷰하기로 약속을 잡아놓고 인터뷰이가 일방적으로 약속을 어길 경우가 있다. 그런 때 대부분 '급한 일이 있어서 인터뷰 약속을 못 지켜 미안하다' 라는 멘트를 전하는 전화가 온다. 전화를 받는 순간 인터뷰 기자의 대응이 중요하다.

상대방이 약속을 어겼다 할지라도 절대로 얼굴 찡그리지 말고 밝고 환한 목소리로 “아닙니다. 전화 주셔서 오히려 제가 더 감사합니다. 그럼 인터뷰 날짜를 다음 주 화요일로 하면 되겠습니까?”

그렇게 다음 약속을 잡아라. 그러면 미안해서라도 인터뷰에 응해줄 가능성이 100%이다. 필자가 인터뷰 약속을 바람 맞았을 때 잘 쓰는 '2보 전진을 위한 1보 후퇴' 전략이다.

인터뷰해서 달리는 말에 날개를 단 사례

인터뷰 전문기자로 10년 넘게 활동하면서 고생도 많았지만 보람도 적지 않았다. 인터뷰 기사가 나가면 무엇보다도 인터뷰 주인공이 그토록 좋아할 수가 없다. 인터뷰 기사가 마음에 들어 읽고 또 읽기를 반복한다는 사람도 많다. 심지어 어떤 주인공은 자신이 등장한 인터뷰 기사를 수백 부 칼라 프린트하여 주변에 돌리는 피플코리아 홍보맨 역할을 한다. 눈물나게 고마운 일이다.

가장 큰 보람은 인터뷰 기사가 나간 이후로 인터뷰 주인공의 삶이 더욱 발전하는 모습을 지켜보는 재미이다. 피플코리아 기사가 나가기 무섭게 방송국에서 출연섭외로 이어지는 경우도 많다. 피플코리아 인터뷰 기사가 나간 이후 방송을 수십 번 탄 인터뷰이도 있다.

어떤 인터뷰이는 현실이 힘들거나 어려움에 직면할 때마다 김명수 기자가 쓴 인터뷰 기사를 읽으면 인터뷰 당시의 초심으로 돌아가 앞으로 더욱 가치 있는 삶을 살아갈 수 있는 용기와 힘을 얻는다고 전한다.

국가를 상대로 북파공작원으로 야기된 7개 재판을 동시에 진행하고 있는 '성 4번, 이름 5번 바뀐 북파공작원 출신 마이클리' 씨는 필자가 쓴 인터뷰 기사 전문을 증거 자료로 법정에 제출하여 재판에서 승소할 수 있는 결정적 계기를 마련했다.

인터뷰 실패 사례

◆

주인공 선정 실패

        지인으로부터 추천 받은 인물을 검증 없이 인터뷰했다가 낭패를 본 케이스이다. 인터뷰 기사가 올라가자 필자로부터 전화가 빗발쳤다. 김명수 기자가 소개한 인터뷰 주인공의 실제 모습이 기사내용과 다르다는 주장이었다. 아니나 다를까. 인터뷰 기사가 나가고 한참 지나서 신문을 보니 이권 개입에 의한 금품 수수 혐의로 조사를 받고 있다는 뉴스가 실려 있었다.

초심을 잃은 인터뷰이

        필자가 인터뷰를 진행할 때만 해도 그는 참신하고 톡톡 튀는 아이디어로 각박한 사회의 청량제 같은 사람이었다. 그러나 인터뷰 기사가 나간 이후 잇따라 방송출연 제의가 쏟아지고 세상에 얼굴이 알려지면서 허파에 바람 들어간 사람처럼 변해버렸다.

화장실에 볼일 보러 갈 때와 볼일 보고 나와서의 사람 마음이 다르다는 말을 증명하듯 매스컴을 타고 영웅심리가 발동하여 초심을 잃고 허세를 부리다가 인생이 망가졌다. 인터뷰 기사가 되레 그의 인생에 독이 된 케이스이다.

틀리게 나간 이름

인터뷰 원고를 넘기고 나서 활자화 되어 나온 기사를 확인해 보니 대문짝만하게 뽑은 제목에 인터뷰 주인공의 이름이 틀렸다. 이미 때는 늦었다. 편집자가 제목을 뽑을 때 '일' 자를 '익' 자로 잘못 봐서 생긴 완벽한 인재(人災)였다.

오류를 발견했을 때는 인쇄를 모두 마친 상태라 다시 찍을 수도 없는 상황이었다. 할 수 없이 죄인의 심정으로 인터뷰이에게 전화를 걸어 자백하고 백배사죄할 수밖에 없었다.

필자의 전화를 받고 반가움에 반색하던 인터뷰이의 목소리가 자기 이름이 틀리게 나왔다는 말에 침묵으로 바뀐 그때 그 순간을 10년도 더 지난 지금까지 잊지 못한다.

원고를 넘기고 마지막 순간까지 철저히 확인하지 않은 필자의 잘못도 컸다. 올챙이 인터뷰 기자 시절에 경험한 그때 실수가 지금도 가끔씩 악몽으로 떠오른다.

인터뷰 전문기자로 겪은 에피소드

◆

다사다난한 인터뷰 여정

인터뷰 기자는 취재원을 만나기 위해 동에 번쩍 서에 번쩍 천지사방을 휘젓고 다닌다. 필자 역시 10년 넘는 세월동안 국내외를 수없이 돌아다니면서 인터뷰 주인공을 발굴하고 소개해왔다. 취재를 위해서라면 밤낮도 휴일도 없이 발품을 팔고 사람을 만났다. 그러는 과정에서 죽을고비도 많았고 에피소드도 많았다.

'고기를 눈으로 잡는 인간레이더 허창호' 씨를 인터뷰하기 위해 부산 용원 여객터미널에서 그가 사는 가덕도 대항까지 가는 여객선을 탔다가 발을 헛디뎌 발목을 크게 다치기도 했다.

경남 울주군으로 '기적의 파스요법 개발한 남산스님' 을 취재하러 가서는 취재단 일행 3명이 모두 백두산 산삼주를 1병씩 선물로 받는 횡재를 하기도 했다.

난생 처음으로 커다란 풍선을 타고 하늘을 훨훨 날아다닌 적도 있다.

‘국내 첫 열기구 설계·제작자 허민식’ 씨를 취재하고 나서 따로 날을 잡아 그가 띄운 풍선(열기구)을 타고 아름다운 지상을 내려다보며 40분 동안 하늘을 나는 재미에 푹 빠지는 열기구 체험을 만끽하는 스릴을 맛봤다.

공항검색대에서 붙잡힌 사연

2000년 6월 10일자로 소개한 ‘세상에 활기를 불어넣는 초능력 인간 삼법기수련중앙회 김승도 회장’을 취재하면서 너무 웃겨 뒤집어질 뻔했다. 당시 그는 매일 하루에 1근씩 쇠를 먹어치우는 괴력의 사나이로 국내외를 돌아다니면서 초능력 시범을 보였다.

한번은 일본 방송 출연을 마치고 귀국하기 위해 공항검색대를 통과하던 중 계속 경보음이 울렸다. 검사원이 아무리 조사해도 원인을 찾지 못하고 진땀을 흘리자 그는 "일본 후지TV에 출연하여 시계를 통째로 먹고 오는 중이라 그것이 뱃속에 들어있는 모양"이라고 하였다.

그 말을 들은 검사원이 방송국에 전화를 걸어보더니 죄송하다면서 그 이후로는 귀빈 예우를 받았다고 한다.

이름이 운명을 바꾼 구필림

2000년 5월 15일자로 소개한 ‘이름이 운명을 바꾼 구필림’ 씨를 취재하면서 들은 얘기도 포복절도 감이다. 한번은 약국에 수표를 바꾸러 갔다. 수표 뒷면에 이름을 이서하였다. 구필림. 이서한 이름을 보더니 약국 주인이 수표를 도로 던져준다. 장난치지 말고 진짜 이름을 쓰라고 한다. 필림은 순간 주인의 얼굴을 빤히 바라보았다. 진짜 이름을 썼는데 무슨 딴소리냐고 따지고 싶었지만 꾹 참았다. 수표를 받았다가 또 건네주었다.

약국 주인 역시 다시 던져준다. 얼굴엔 기분 나쁜 표정이 역력하였다. 아니 어쩌란 말이야. 필림은 속으로 화가 났다. 하지만 내색하지 않고 다시 수표를 주었다. 그랬더니 이번에는 약국 주인이 진짜 이름을 적으라고 몇 번이나 했는데 계속 장난을 친다면서 화를 벌컥 냈다.

필림은 어이가 없었다. 진짜 이름을 확인시켜주기 위해서 주민등록증을 꺼내 약국 주인에게 보여주었다. 약국 주인의 눈이 휘둥그레졌다.

주민등록에 적힌 이름 구필림을 뚫어지게 바라보더니 큰소리로 웃으면서 "당신은 사진이 천직"이라며 그 길로 계속 나가라고 권한다. 그렇게 구필림 씨는 이름이 운명을 바꾼 사진 인생이 되었다.

알몸 인터뷰

필자가 인터뷰 전문기자로 첫발을 들여놓은 지 1년쯤 지난 2000년 10월 초. 사진기자와 함께 일본에 갔다. 인터뷰를 할 인물을 미리 섭외해놓고 3박 4일 일정으로 도쿄에 도착하니까 초저녁이었다.

새로운 인터뷰 주인공을 만난다는 설렘과 기대감으로 도쿄에 착륙하여 공항 입국장을 빠져나오면서 마중 나오기로 한 사람에게 전화를 했다. 일본 유학생이었다. 첫 인터뷰 대상자를 그렇게 만났다. 처음 보는 얼굴이었지만 우리는 만나자마자 금방 친해졌다.

그는 오래 사귄 친구처럼 사진기자와 필자를 도쿄 시내 구석구석 데리고 다니면서 구수한 입담과 재치 있는 설명을 섞어가며 친절하게 구경시켜 주었다. 일식집에서 맛있는 저녁도 시켜주고 술도 마셨다. 하지만 가난한 유학생이었다. 취재 경비가 빡빡하기는 기자도 마찬가지였다.

그가 조심스럽게 말을 꺼냈다. "기왕 여기까지 오셨으니 일본 목욕탕 한 번 가보셔야죠." 그 말에 기자가 아이디어를 냈다. "목욕탕에 가서 알몸 인터뷰하면서 1박을 하면 어떻겠습니까?"

그가 좋다고 맞장구를 쳤다. 그렇게 우리는 목욕탕으로 향했다.

인터뷰를 위해서 꼭 필요한 손바닥 크기의 취재수첩과 볼펜에 혹시 물이라도 묻을까봐 만약의 사태에 대비해서 비닐봉투로 겹겹이 쌓아가지고 목욕탕에 들어섰다. 나란히 서서 알몸으로 샤워를 하고 난 다음에 탕 안에서 몸을 푹 담근 모습으로 이런 저런 대화 인터뷰를 하고 나와 본격 인터뷰를 위해 테이블에 앉았다.

그리고는 미리 준비해간 취재수첩을 꺼내 들었다. 목욕탕으로 들어가서 서로 속을 다 드러내는 알몸 샤워를 하고 깨끗한 몸과 마음으로 인터뷰어와 인터뷰이가 나란히 앉아 인터뷰를 하는 초유의 사태가 벌어졌다.

사진기자가 난감해 했다. 진지한 상의 끝에 인터뷰 기사에 실릴 사진은 다음날 날이 밝을 때 야외에서 찍기로 했다. 거추장스러운 겉치레와 가식은 모두 벗어 던져버리고 그렇게 인터뷰어와 인터뷰이가 서로 알몸까지 다 보여주고 취재를 한 그 날을 기자는 아직도 잊지 못한다.

그리고 11년이 지났다. 동경에서 촉망받는 공간연출가이자 유학생으로

있던 그가 서울 인사동에서 특별한 전시회를 연다는 사실을 필자는 신문을
보고 알았다. 만사를 제쳐놓고 전시회장을 찾아갔으니 그가 자리에 없었다.

그냥 이대로 발길을 돌리기에는 너무 아쉬워 팸플릿에 적힌 전화로 다이
얼을 돌렸다. 그가 받는다. 혹시나 필자를 기억하지 못할까봐 그날의 사연
을 먼저 꺼냈다.

"피플코리아 김명수입니다. 일본에서 목욕탕 알몸 인터뷰 생각나시는지
요?" 그러자 그는 반색을 하면서 금방 갈 테니 조금만 기다리라고 하였다.
그리고 30분쯤 지나 숨을 헐떡거리면서 그가 나타났다. 너무 반가운 나머
지 둘이 서로 부둥켜안고 한참을 있었다.

11년 만에 서울에서 재회한 두 사람은 삼겹살집으로 옮겨 그날의 에피
소드를 안주 삼아 술을 마셨다. 평생 잊지 못할 소중한 추억거리를 남긴 그
날의 인터뷰 주인공은 2000년 10월 13일자로 피플코리아에 소개한 '클릭
이사람 84번 공간연출가 김근한' 이다.

실미도 앞바다 4시간 표류

　　　　　　　　2004년 8월 29일은 나에게 평생 잊지 못할 대사건이
벌어진 날이다. 북파공작원 전문기자로서 실미도 취재에 나섰다가 한밤중
실미도 근처 서해바다 한 가운데에 빠져 조난당하는 사고로 평생 잊지 못
할 죽음의 체험을 했다.

북파공작원 전문기자로서 실미도에서 희생된 공작원들의 숨결을 취재하
고 싶은 욕심에 썰물을 틈타 실미도 해협에 걸어 들어갔다가 밀물을 만나

꼼짝없이 죽을 운명에 놓였다.

바닷물이 가장 높이 올라가는 음력 칠월칠석날 밤 12시에 세계에서 간만의 차가 가장 높은 인천 실미도 앞바다에 빠져 나 혼자 맨몸으로 아무런 구명 장비 없이 4시간을 표류하다 필사적인 몸부림 끝에 기적적으로 살아나왔다.

가장 기억에 남는 인터뷰이

잃어버린 역사를 찾아낸 정성길. 기업의 헤드인 발명특허를 44개나 가지고 있는 발명특허 제조기. 잘나가는 의사. 기업 사장. 하지만 모든 걸 버리고 잃어버린 역사를 찾아 유럽 미국 등을 전 재산을 털어가면서 이웃집 드나들듯 드나든 사람. 비행기 표 한 장만 얻으면 미국이건, 프랑스건 어디라도 안 가리고 새로운 자료를 찾아나섰다.

한번은 프랑스에서 급하게 오라는 연락을 받고 1,000만원도 훨씬 넘는 100주년 기념 골드 라이카 카메라를 처분하고 비행기 표를 구해서 간 적도 있다. 물론 자료수집을 위해서였다. 이것뿐만 아니다. 그가 더욱 빛나 보이는 이유는 고흐, 로댕 등 세계 최고의 현대 미술가들의 작품들의 유리 원판 사진 200여 점을 소장하고 있다는 사실이다.

구직 이력서를 제출하는 인터뷰 전문기자

◆

아무리 능력이 뛰어난 인터뷰 전문기자라 할지라도 머리만 가지고는 한계가 있다. 10년 넘게 인터뷰 전문기자로 활동해온 필자지만 지금도 인터뷰 기사를 쓰려면 처음부터 막힐 때가 한두 번이 아니다.

필자는 살아 숨쉬는 인터뷰 기사를 쓰기 위해서 필자 나름대로 독특한 방식을 활용한다. 결론부터 말하면 다양한 삶의 현장 체험에 직접 뛰어드는 방식이다. 그러기 위해서 필자는 끊임없이 구직 이력서를 제출한다.

틈나는 대로 채용 사이트에 들어가 구인 모집 공고가 올라오면 업종에 관계없이 필자가 직접 이력서를 제출한다. 고령자 채용에 이력서를 제출하기도 하고, 고학력자 모집에 제출하기도 한다. 그러면서 취업하기가 얼마나 힘들고 어려운지 직접 체험한다.

필자는 못한다는 말을 절대로 하지 않는다. 전혀 경험이 없고 난생처음 뛰어드는 분야라도 과감하게 뛰어들어 도전한다. 해보지도 않고 못한다는 말부터 먼저 하기에는 필자의 자존심이 용납하지 못한다. 일단 시도해보고 시행착오가 생기면 그때 머리를 짜내고 방법을 찾아내 해결해 나가면 된다. 많은 사람들이 일하면서 입버릇처럼 하는 불평불만을 요약하면 이렇다.

요즘 먹고 살기 힘들다, 취직하기 어렵다, 일이 힘들어서 못하겠다, 인간관계가 원만하지 못하다. 상사가 괴롭혀서 적응하기 힘들다. 월급이 너무 적다. 비전이 없다.

과연 그럴까. 필자는 주변 사람들로부터 흔히 듣는 이런 말 들이 얼마나 신빙성이 있는지 필자 나름대로 검증하는 버릇이 있다. 그것이 바로 구직 이력서를 제출하여 삶의 현장에 직접 뛰어드는 것이다.

117

Chapter

04

인터뷰를 잘해야 성공하는 시대

사람과 사람 사이의 커뮤니케이션이 의사전달이고 의사전달의 핵심은 소통이다. 소통의 중요성이 갈수록 커지면서
현대는 바야흐로 의사 전달 능력이 뛰어나고 인터뷰를 잘하는 사람이 성공하는 시대가 되었다.

인터뷰는 소통이다

사람과 사람 사이의 커뮤니케이션이 의사전달이고 의사전달의 핵심은 바로 소통이다. 소통의 중요성이 날로 커지면서 현대는 바야흐로 의사 전달 능력이 뛰어나고 인터뷰를 잘하는 사람이 성공하는 시대가 되었다.

필자는 다양한 분야에서 삶의 모델이 될 만한 사람들을 인터뷰하면서 소통하고 인터뷰이의 장점을 배워 나의 경쟁력으로 업그레이드해나간다. 누구를 만나더라도 마음의 문을 열고 들어가 그 사람에게서 가장 배울만한 장점을 찾아내려고 노력한다.

성공한 사람 10명을 인터뷰한 사람이 사업을 하면 성공한 사람 10명의 머리로 사업을 하는 셈이다. 누구도 부인할 수 없는 소통이 경쟁력이고 인터뷰를 잘해야 성공하는 시대이다.

인터뷰는 종합예술이다

인터뷰는 한 편의 시나리오처럼 대화 내용을 종합적으로 풀어내서 글로 보여주는 종합예술에 비유할 수 있다.

어떤 감독이 어떤 팀을 맞느냐에 따라 팀 컬러가 달라지듯이 인터뷰를 진행하는 기자의 내공과 능력에 따라 인터뷰 기사의 질 또한 달라진다.

철저한 사전 준비 없이 전문 용어 하나도 이해 못하면서 질질 끌려가는 식으로 인터뷰를 진행하면 좋은 기사가 나올 리 없다. 노련하고 실력 있는 인터뷰 기자일수록 편안한 분위기로 긴장을 풀어주면서 인터뷰이의 감춰진 진면목을 100% 끌어내고 비전까지 제시한다.

영화배우를 시나리오 대본의 주인공으로 등장시켜 영상으로 펼쳐나가는 종합예술이 영화라면, 인터뷰는 정보의 원천에 다이렉트로 접근하여 인터뷰에 등장하는 인물을 주인공으로 다루는 종합예술이라고 생각한다.

세계 초일류 글로벌 기업으로 우뚝 선 삼성 그룹에는 이건희 회장의 경영철학이 녹아 있다. 삼성 그룹의 전권을 틀어쥐고 있는 그를 인터뷰하여 글로 풀어내는 기사 자체가 휴먼 다큐멘터리이자 종합예술이다.

국내 최초로 1,000만 관객을 돌파한 국민 영화 〈실미도〉 역시 메가폰을 잡은 강우석 감독의 작품 세계가 고스란히 담겨 있다. 종합예술의 진수라 할 수 있는 영화를 만드는 영화감독의 마음을 끌어내 글로 풀어내는 인터뷰야말로 종합예술이다.

인터뷰에도 종류가 있다

◆

취재 인터뷰만 인터뷰가 아니다. 사람과 사람이 만나 자기 표현을 하고 의사를 전달하는 자체 또한 넓은 의미에서 인터뷰의 범주에 속한다고 보기 때문이다. 그런 의미에서 독불장군이 아닌 이상 이 세상에 존재하는 누구라도 인터뷰를 피해갈 수가 없다.

입사시험에서 필기시험을 아무리 잘 봤다 하더라도 최종 합격 여부는 면접 인터뷰에 달렸다. 선남선녀가 미팅을 하더라도 상대방의 마음을 사로잡기 위해서는 인터뷰에 해당하는 첫 대면을 잘해야 한다.

사람마다 처한 상황과 하는 일은 달라도 한 가지 분명한 사실은 인터뷰를 잘해야 경쟁력이 강해지는 시대에 우리가 살고 있다는 점이다. 이는 지구상에 살아가는 모든 사람들에게 공통적으로 적용되는 말이다.

　　　　　취업 전형에서도 인터뷰의 중요성이 갈수록 커지고 있다. 아무리 필기시험을 잘 봐도 인터뷰를 잘 못하여 최종 선발 과정에서 떨어지는 경우가 비일비재하다. 가뜩이나 구직난이 심해진 현실에서 마지막 채용관문인 인터뷰를 성공적으로 통과하는 노하우를 공개한다.

① 프로정신을 보여라. "잘 할 수 있습니다. 열심히 하겠습니다. 믿어주십시오"라고 외치면 낙방으로 가는 지름길이다. 지원하는 회사에 대한 성격과 정보를 미리 파악하고 입사하면 자신이 가장 잘 할 수 있는 업무능력이 무엇이며 어떻게 활용하여 회사 발전에 기여할 수 있는지 구체적이면서도 조리 있게 비전을 제시하고 꼭 필요한 인재라는 이미지를 심어줘야 한다.

② 압박 작전에 넘어가지 마라. 채용 인터뷰에서 가장 잔인한 방법이 압박 면접이다. 기업들이 지원자의 약점을 의도적으로 물고 늘어지는 질문을 계속 던져 심리적으로 압박을 준다. 압박 면접을 실시하는 이유는 준비된 답변이 아닌 면접자의 평상시 모습을 보기 위해서이다. 면접관이 의도적으로 대답하기 곤란하거나 면박성 질문을 던져 심리적으로 압박하면 난처한 상황에 대처하는 면접자들의 반응에서 평소의 성격이 나온다. 예를 들면 이런 식이다.

"우리 회사와는 전혀 안 맞는 사람 같은데요?" "학교 때 공부를 전혀 안하고 놀기만 했군요." "부모님이 고등학교 밖에 졸업을 못했네요.” “키가 너무 작은데 콤플렉스가 많으시겠군요.” 그런 질문을 들으면 면접자는 스스로 풀이 죽거나 흥분하여 얼굴 표정이 달라질 수 있다. 면접관들이 바로 그러한 반응을 살핀다. 압박 면접에서 살아남기 위해서는 수많은 예상 질문을 미리 뽑아서 연습을 충분히 하는 방법뿐이다. 약점을 파고드는 질문이 꼬리를 물고 계속 들어와도 당황하지 말고 밝은 표정으로 소신 있게 대답할 수 있을 때까지 연습하면 의외로 쉽게 합격의 문이 열릴 수 있다. 철저하게 준비한 자만이 기회가 왔을 때 잡을 수 있다.

③ 다양한 독서와 글쓰기로 논리력을 키워라. 아무리 스펙이 좋아도 그 사람을 제대로 평가하기 위해서는 대화가 필요하다. 의사소통은 스펙이나 외모가 아니라 말을 통해서 이루어지기 때문이다.

④ 긴장하면 망친다. 채용 인터뷰는 취업 지원자가 면접관 앞에서 자신의 모든 장점을 보여주는 과정이다. 그러기 위해서는 긴장하지 말아야 한다. 인터뷰 담당관 앞에서 지나치게 긴장하면 질문의 핵심을 제대로 파악하지 못해 엉뚱한 대답이 튀어나오거나 당황하여 면접을 망칠 수 있다. 떨어져도 좋다는 생각으로 소신 있게 답변하고 평소에 긴장 상황 속에서도 위기대처 능력을 키워나가는 경험을 많이 한 사람일수록 유리하다. 그렇다고 긴장감을 억지로 감추기 위해 일부러 큰 소리로 말하거나 과장된 자신감을 보이면 오히려 역효과가 날 뿐만 아니라 면접관이 더 먼저 알아차린다.

⑤ 채용 인터뷰는 평소 자신의 모습을 보여주는 거울이다. 평소의 생활

이나 생각이 면접에서도 고스란히 나타난다. 면접관에게 깊은 인상을 남기기 위해서는 자신감 있고 당당하면서도 진실한 모습을 보여줘야 한다. 모르는 질문이 나올 경우 "잘 모르겠습니다"라고 딱 잘라 말하면 분위기가 썰렁해질 수 있다. 그럴 때는 당황하지 말고 "어디서 들은 기억이 나는데 확실하게 떠오르지 않습니다" 하는 식으로 솔직하게 표현하여 다음 질문으로 유도하는 재치가 필요하다.

⑥ 말문이 막힐 때 2~3초 생각하는 여유를 보여라. 채용 인터뷰를 진행하다 보면 예상치 않은 질문에 말문이 막힐 때가 있다. 그럴 때 당황하여 말을 못하거나 엉뚱한 대답이 튀어나오는 경우가 흔히 있다. 전혀 예상치 못한 질문을 받고 말문이 막힐 때는 2~3초 침묵으로 숨고르기를 하면서 무엇을 말할지 생각하라. 생각을 정리한 다음 상황에 맞게 적절한 대답을 하면 위기를 무사히 넘길 수 있다.

⑦ 첫인상과 마찬가지로 마지막 인상도 중요하다. 채용 인터뷰가 끝나고 자리에서 일어나는 순간 긴장이 풀어지기 쉽다. 하지만 면접자가 자리를 빠져나가면서 취하는 행동과 뒷모습까지 면접관이 지켜본다는 사실을 기억하라.

영업 인터뷰

　　　　　영업 인터뷰를 잘하는 사람들은 공통적으로 자기만의 노하우가 있다. 상대방을 일방적으로 설득하려고 하지 않는다. 항상 메모하고 기록하는 습관을 가져라. 상대방의 입에서 기억하기 어려운 이름이나 단어가 나올 때 꼭 메모하여 두어라. 나중에 다시 만나 메모했던 단어를 술술 외우듯이 정확하게 말하면 당연히 설득력이 높아진다.

① 신뢰감을 줄 수 있는 자세와 자신의 스타일을 유지하라. 영업 인터뷰를 할 때 자신의 스타일과 신뢰감을 줄 수 있는 자세는 첫인상을 결정짓는 중요한 잣대다. 앉은 자세가 불안하면 심리적으로 상대에게 신뢰감을 떨어뜨린다. 1만여 명의 보험 설계사가 활동하는 지역단에서 10년 동안 계속해서 실적 1, 2위를 유지해온 보험여왕을 취재한 적이 있다. 성실함이 가져다 준 결과였다. 10년이 넘도록 그 모양 그대로 간직한 짧고 단정한 헤어스타일은 그의 트레이드마크가 되었다. 오래 한자리를 지키다 보니 단골고객들은 그의 헤어스타일이나 전화목소리만 들어도 그를 알아보는가 하면 114안내로 그를 찾아서 보험을 드는 고객이 있을 정도다.

② 단점을 말하라. 장점보다 단점을 말하고 대안까지 제시하라. 한 예로 최진영(58. 女) 삼성화재 한양지역단 설계사는 솔직한 영업 인터뷰로 고객들로부터 신뢰가 두텁다. 보험혜택이 비슷하지만 가격이 저렴한 타사 상품이 있으면 자사 상품 대신 과감하게 타사 상품을 권하고 장단점까지 자세하게 설명해준다. 그가 보험 설계사로 장수할 수 있는 비결이다. 그렇게 한번 맺어진 고객은 언제 만나도 그를 부담스러워하지 않고 가족처럼 끈끈한 신뢰관계를 유지하면서 또 다른 고객 추천으로 이어진다.

③ 한번 거절당해도 포기하지 말고 오히려 기회로 삼아라. 거절을 당하더라도 기분 나쁜 표정은 절대 금물. 오히려 밝은 표정으로 제 애기를 끝까지 들어주시고 분명히 의사 표현을 해주셔서 감사합니다. 오늘은 말씀 잘 듣고 이만 물러가겠습니다. 다음에라도 꼭 기회를 주시면 감사하겠습니다. 그러면 다음에 진짜 기회가 온다.

④ 긍정적인 자세가 중요하다. 부정은 부정을 낳고 긍정은 긍정을 낳는다고 했다. 영업의 달인 비타민 하우스 김상국 대표는 99%의 긍정적인 생각도 단 1%의 부정적인 생각에 무너진다고 경고한다. 부정적인 생각은 단 1%에 불과하지만 그 부정의 힘이 마음을 지배하여 결국은 99%의 긍정을 무너뜨린다는 지론이다.

⑤ 먼저 자기 직업에 대한 프로가 되어라. 상대방을 설득하기 전에 자신부터 당당하고 자신감이 있어야 성사가능성이 높다. 영업 인터뷰를 잘하기 위해서는 먼저 자기가 몸담은 직업에 대한 프로가 되어야 한다. 자신이 하는 일에 자신이 회의를 느끼거나 열정이 없다면 상대방이 먼저 알아본다.

⑥ 준비는 철저하게, 목표는 분명하게 하라. 3년 연속 자동차판매왕에 오른 기아자동차 망우지점 정송주 부장은 자동차 영업 인터뷰를 할 때 철저하게 준비하여 미리 계획하여 약속을 잡아놓은 꼭 한 명을 인터뷰하고 온다고 한다. 회사 영업을 나가더라도 회사 내에 여러 부서를 돌아다니며 이 사람 저 사람 마구잡이로 만나는 일이 없다고 한다. 대신 철저하게 준비해가지고 가서 만날 사람만 딱 만나는 맞춤식 영

업 인터뷰로 3년 연속 자동차판매왕에 오른 비결이다.

섭외 인터뷰

'평양감사 자리도 제 싫으면 그만'이라는 속담이 있듯이, 아무리 인터뷰 주인공으로 모시고 싶어도 섭외 과정에서 당사자가 고사하면 인터뷰 기자로서 난감하기 짝이 없다.

인물 인터뷰를 진행하면서 인터뷰 전문기자들도 인터뷰 주인공을 섭외하기가 가장 힘들다고 하소연한다. 그렇다고 꼭 다루고 싶은 인물을 포기하고 쉽게 물러설 수도 없는 일이다.

① 진심을 담아 진정성으로 접근하라. 상대방이 누군지 전혀 모르는 상황에서 누구라도 선뜻 인터뷰 요청에 응하기는 쉽지 않은 일이다. 처음에는 일언지하에 거절하던 인물도 마음이 열리면 사정이 달라진다. 인터뷰 섭외에서 진심보다 더 큰 무기는 없다. 인터뷰 취지와 목적을 분명하게 밝히고 진심을 담아 진정성을 보여주면 한 발 물러서서 다시 생각해 보겠다는 반응을 보이는 경우가 많다.

② 끈질긴 구애작전을 펼쳐라. 지성(至誠)이면 감천(感天)이라고 했다. 정성을 다하면 하늘이 알아준다는 속담이다. 때로는 인터뷰 주인공을 모시기 위해 몇 년에 걸쳐 공을 들이기도 한다.

③ 인맥을 동원하라. 모시고 싶은 인터뷰 주인공 주변의 인맥을 동원하면 의외로 쉽게 섭외에 성공할 수 있다. 필자가 자주 사용하는 방법이다.

인터뷰에도 여러 종류가 있지만 그 중에서도 인터뷰의 꽃은 취재 인터뷰이다. 특히 인물 탐구 인터뷰는 상대의 속마음을 고스란히 들춰 볼 수 있어 묘한 카타르시스를 느끼게 한다.

인터뷰는 해도 해도 어렵다. 인물 취재 인터뷰는 더욱 어렵다. 짧은 시간에 인터뷰이의 마음을 끌어내기 위해서는 끊임없는 기 싸움을 벌여야 한다. 하지만 힘든 만큼 인물 취재 전문기자로서의 보람도 크다.

자고 나면 시대가 변하는 현실에서 누구라도 인터뷰 기자와 마주 앉는 순간 세상의 주인공으로 만들어주는 인물 취재 인터뷰는 인터뷰 중에 으뜸이요 꽃이라 할 수 있다.

인터뷰를 통해서 정보의 원천이 되는 사람들의 마음을 고스란히 훔쳐볼 수 있다면 이야말로 큰 매력이 아닌가. 그중에서도 인물 취재 인터뷰가 특히 그렇다.

인터뷰어는 소통의 메신저이다

그대는 진정으로 소통의 달인이 되기를 원하는가. 그렇다면 지금 당장 인터뷰어에 도전하라. 아무리 처음 만난 사람이라도 가장 짧은 시간에 끈끈한 평생지기로 소통할 수 있는 무기가 바로 인터뷰이다. 더구나 인터뷰는 큰 비용이 들지 않는다.

필자가 그동안 인터뷰한 인물을 모두 합치면 1,000명에 이른다. 인터뷰를 통해서 세상을 이끌어가는 정보의 원천이 되는 사람들 1,000명의 마음속으로 필자가 들어가 생각의 밑바닥까지 훑어보고 나온 셈이다. 그러다 보니 취재원들로부터 속마음을 꿰뚫어 보는 독심술가(mind reader)라는 말을 종종 듣는다.

다양한 분야에서 삶의 모델이 되기에 충분한 인물들을 인터뷰하면서 그들의 성공 요인을 분석해봤다. 그중에 하나가 바로 소통이다. 성실, 도전, 인내, 열정, 사랑 등 많은 성공 요인이 있었다. 그리고 그중에 한 가지 공통된 것이 있었는데 바로 소통이다.

무엇이든 막히면 문제가 생기고 소통하면 문제가 풀리는 세상에서 작은 성공이라도 이룬 사람들은 커뮤니케이션이 원활하게 이루어지고 소통에 능한 사람들이라는 사실을 깨달았다. 바꿔 말하면 소통 전문가들이다. 소통에 능한 사람들을 인터뷰하는 인터뷰 기자야말로 진정한 소통 메신저가 아닐 수 없다.

인터뷰는 인맥 구축의 지름이다

가장 빠른 시간에 가장 끈끈한 인맥을 구축하는 지름길은 인터뷰가 최고다. 인터뷰 기사는 사람을 끌어당기는 강력한 마력이 있다. 필자가 10년 넘게 인터뷰를 해오면서 체험을 통해 얻은 결론이다.

인터뷰 기사로 한 사람을 감동시키면 그 기사의 파급 효과는 한 사람 이상이다. 인터뷰 주인공이 자기 주변에 끊임없이 기사를 전파하기 때문이다.

필자는 최근 10년 동안 심층 인터뷰한 인물만도 700명이 넘는다. 인터뷰하면서 그들과 소통하고 인맥을 구축해왔다. 인터뷰를 하면 할수록 인맥 구축이 넓어질 수밖에 없는 이유이다.

더욱 놀라운 사실은 딱 한번 만나 인터뷰하고 그 이후로 10년이 지나서 통화를 해도 정확하게 얼굴을 기억하고 반겨주는 사람들이 많아 뿌듯한 적이 한두 번이 아니다.

Chapter

05

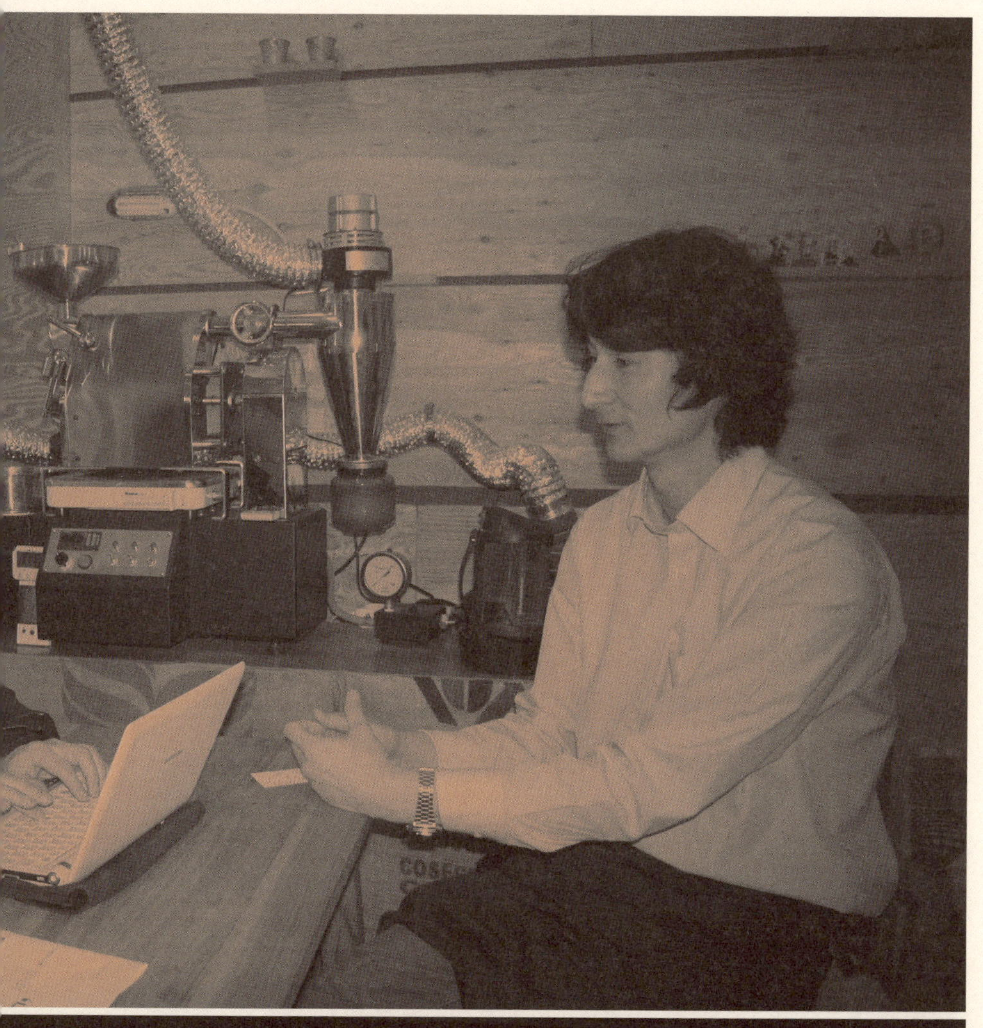

글쓰기와 화술은 필수 스펙이다

묵묵히 자기 일만 열심히 하면 능력을 인정받던 시절이 있었다. 하지만 지금은 자기표현 시대로 변했다.
커뮤니케이션 시대 강력한 의사소통 수단으로 현대인의 필수 스펙 두 가지를 뽑으라면 글쓰기와 화술이다.

지금은 자기표현 시대

◆

묵묵히 자기 일만 열심히 하면 능력을 인정받던 시절이 있었다. 하지만 지금은 글쓰기와 화술에 능한 사람이 성공하는 자기표현 시대로 변했다.

커뮤니케이션 시대 강력한 의사소통 수단으로 현대인을 성공으로 이끄는 필수 스펙 두 가지를 뽑으라면 글쓰기와 화술이다.

같은 말을 하더라도 말이 먹혀드는 사람이 있는가 하면 반대로 씨알도 안 먹히는 사람이 있다. 상대방의 이야기가 1분 이상 길어지면 지루함을 느끼기 시작하고 그 상태로 2분이 넘어가면 시선을 다른 쪽으로 돌리거나 귀를 닫아버리고 싶은 충동을 느낀다.

글도 마찬가지이다. 첫 장을 읽다가 흥미를 못 느끼면 매정한 독자는 다음 장으로 넘어가지 않고 그냥 덮어버린다.

글쓰기나 화술에서 상대의 관심을 계속 붙잡아두기 위해서는 처음부터 강렬한 인상을 남겨야 한다. 하지만 그리하기가 쉽지 않다. 그래서 스킬이 필요하다.

마음을 사로잡는 화술 노하우

밝은 표정으로 눈높이에 맞춰라

같은 말을 하더라도 밝은 표정만으로도 기분이 좋아진다. 또한 화술은 듣는 사람들의 수준에 맞춰야 한다. 초등학생을 대상으로 할 때는 어린아이에 맞는 언어로 말해야 아이들을 이야기 속으로 몰입시킬 수 있다. 듣는 사람이 박사라면 그 전문 집단에 맞는 전문용어로 이야기를 끌고 가야 소통이 가능하다.

일방통행은 절대 금물

아무리 말을 잘한다 해도 자신의 이야기만 일방적으로 늘어놓는 사람은 소통과 거리가 멀다. 소통의 대화는 일방통행이 아니라 서로가 공감하는 쌍방 통행이다.

상대방의 말을 끊지 마라

　　　　두 사람 이상이 모여서 대화를 나눌 때 한 사람의 이야기가 끝나지 않은 상황에서 상대방의 말을 끊고 중간에 끼어들어 대화 분위기를 썰렁하게 하는 경우를 많이 봤다. 참으로 몰상식하고 매너 없는 행동이다.

많이 알아야 말도 잘한다

　　　　아는 게 힘이다. 화술의 강자가 되려면 지식으로 무장하라. 글쓰기와 마찬가지로 다양한 분야에서 지식이 많고 경험이 풍부한 사람일수록 말도 잘한다. 언제 어디서 어떤 사람을 만나더라도 처한 상황에 맞는 말할 거리가 많기 때문이다. 같은 내용이라도 풍부한 지식과 다양한 경험에서 우러나오는 말은 전달력이 강해서 쉽게 공감하고 흥미가 있으며 사람의 마음을 움직이는 설득의 힘이 있다.

말을 살리되 반복하지 마라

　　　　화술에 능한 사람들은 강약과 리듬을 잘 살려서 말을 한다. 때로는 조용조용 말하다가도 파도타기를 하듯 어느 순간 목소리 톤을 높여 강약을 조절하고 분위기를 띄운다. 그런가 하면 말이 빨라졌다가 느려지는 등 적절한 변화를 줘서 듣는 이들의 귀를 집중하게 만든다.

　　중언부언하지 말라. 같은 말을 반복하면 말의 핵심이 흐려지고 듣는 사람도 지루하다. 단문으로 명쾌하게 끊어 말하라.

진심은 통한다

대인관계에서 자신의 경쟁력을 끌어올리고 상대의 마음을 사로잡는 화술은 진심이 담긴 말이다. 마음의 문을 활짝 열고 진심으로 대하면 소통은 저절로 이루어진다. 10마디의 미사여구보다 단 한 마디를 던지더라도 솔직한 말이 훨씬 강한 신뢰와 호감을 준다.

최고의 화술은 경청이다

최고로 말을 잘하는 사람은 남의 말을 경청할 줄 아는 사람이다. 겸손한 자세로 먼저 상대의 말에 경청하라. 그러면 상대방이 신뢰로 다가온다.

경청은 인내와 끈기가 요구된다. 특히 의견이 다르거나 관심 없는 내용을 장황하게 늘어놓는 이야기를 얼굴 붉히지 않고 평정심을 유지하면서 끝까지 들어주기는 너무 어렵다.

소통이 바로 그것이다. 남의 말을 듣고 또 듣다 보면 상대방은 신이 나서 이야기를 한다. 자신의 말을 열심히 들어주는 사람이 앞에 있기 때문이다.

설득하려 하지 마라

두 사람이 서로 마주 보고 대화를 할 때 아무리 논리적인 사고로 무장한 도덕군자라 하더라도 상대를 말로 설득시키기는 어렵다. 나이를 먹고 어른이 될수록 더욱 그렇다.

세상을 살아오면서 평생 보고 느끼고 터득한 생각과 경험이 자신만의 사고로 이미 굳어져버렸기 때문에 설득의 논리가 쉽게 먹히지 않는다.

설득의 논리를 펼칠 때는 두 사람이 아닌 대중을 상대로 펼쳐라. 그리고 그 논리를 받아들이고 말고는 듣는 사람의 마음에 맡겨라.

긍정적으로 말하고 칭찬하라

긍정의 힘은 생각보다 훨씬 크고 위대하다. 아무리 유창한 달변가의 말보다도 긍정의 말이 더 설득력이 있다.

상대의 마음을 움직이는 화술의 달인이 되기를 원하면 긍정적으로 말하기 연습을 꾸준히 하라. 그러면 긍정적인 말하기가 습관이 된다. 긍정적 말하기가 습관이 되면 언제 어느 때 말을 하더라도 설득의 힘을 발휘하는 긍정의 언어가 튀어나온다.

긍정의 말은 칭찬 한 마디면 족하다. "잘한다. 멋있다. 역시 최고야" 이같은 짧은 몇 마디가 분위기를 끌어올린다.

고래도 춤추게 하는 긍정과 칭찬이야말로 자신의 경쟁력을 높이고 상대의 마음을 움직일 수 있는 최고의 화술이다.

마음을 움직이는 글쓰기 노하우

◆

메모는 글쓰기의 기본

나는 많이 부족한 사람이다. 그래서 꾸준히 노력하고 배운다. 부족함을 조금이라도 채우기 위해서다. 그러면서 발전한다.

삶의 모델이 될 만한 사람들을 천지사방으로 찾아다니며 인터뷰를 하고 그 속에서 배울 점을 찾아내어 글로 써서 세상 사람들과 공유한다.

독서는 간접경험이다. 독서를 통해서 자신이 경험하지 못한 많은 부분을 알 수 있다. 서울 광화문 교보문고에 가면 눈에 띄는 글이 있다. 사람은 책을 만들고 책은 사람을 만든다.

성공한 사람들의 노하우를 담은 책 속에는 성공으로 가는 길이 있다. 성공한 사람들의 노하우를 담은 책을 읽는 순간 성공으로 가는 길은 나의 길이 된다. 내가 직접 체험하지 않고도 책을 통해서 간접체험을 할 수 있기 때문이다.

읽고 생각하고 글을 써라. 독서를 통해 생각의 폭을 넓혀갈 수 있다. 독서를 하고 느낀 생각을 글로 표현하는 습관이 중요하다. 읽고 생각하고 생각을 글로 표현하는 습관을 길러야 한다. 글쓰기는 습관이다. 갈수록 글쓰기의 중요성이 커지는 시대다. 초등학교 때부터 읽고 생각하고 생각을 글로 표현하는 습관을 길러야 한다.

필자는 밥 먹고 숨쉬듯이 글을 쓴다. 하루라도 글을 쓰지 않으면 펜이 무디어지는 느낌을 느낀다. 매일 그렇게 글을 써도 글쓰기가 어렵다. 글쓰기가 어려우면서도 글을 쓰는 이유는 부단한 글쓰기를 통해 오늘보다는 내일 더 나은 글을 쓸 수 있다는 기대감 때문이다.

메모하는 습관을 길러라. 메모는 글쓰기의 기본이다. 메모를 가지고 글로 풀어 써보는 연습을 하면 글쓰기 실력이 향상된다. 생각이나 아이디어가 떠오르면 우선 메모를 한다. 그리고 그 메모를 가지고 생각을 담아 글로 풀어 써보라.

메모만 해놓고 글로 옮겨 쓰지 않으면 그걸로 끝이다. 메모를 글로 풀어 써야 의미가 있다. 처음에는 서툴겠지만 계속하다보면 자기도 모르게 글쓰기 실력이 향상된다. 이를테면 창의적 글쓰기라 할 수 있다. 창의력이 늘어나고 성격도 적극적이고 능동적으로 변한다.

좋은 글은 좋은 마음에서 나온다

좋은 글쓰기는 그 글을 읽는 사람의 마음을 움직여 행동으로 이끌어야 한다. 사람의 마음을 움직이는 좋은 글쓰기의 기본은 진정성이다. 잔재주나 기교보다는 글에 담긴 내용이 중요하다. 글은 자신의 감춰진 이면까지 고스란히 드러난다. 따라서 정직한 글쓰기가 필요하다. 행동과 생각이 일치하는 글이 공감을 얻을 수 있다.

글은 그 사람의 성품이나 인격을 나타내는 잣대가 될 수 있다. 언행이 일치해야 말에 힘이 실리듯이 글쓰기도 마찬가지이다. 생각과 따로 노는 글은 설득력도 약하고 신뢰가 안 간다.

글은 자신을 비춰볼 수 있는 마음의 거울이다. 좋은 글은 좋은 생각과 행동에서 나온다.

좋은 생각을 말로 털어놓으면 마음을 움직이는 화술이 되고, 좋은 생각을 글로 풀어내면 사람의 마음을 움직이는 좋은 글이 된다.

좋은 말은 좋은 생각의 씨가 되고, 좋은 생각이 쌓이면 좋은 행동을 낳고, 좋은 행동이 쌓이면 좋은 습관을 낳는다. 사람의 마음을 움직이는 글쓰기의 노하우는 좋은 생각에서 출발한다. 미사여구만 늘어놓았다고 해서 좋은 글이 아니다.

글쓰기는 습관이다

글쓰기를 두려워하지 말고 즐겨라. 즐기는 사람을 어찌 이길 수가 있으랴. 좋은 글쓰기는 절대로 하루아침에 이루어지지 않는다. 멈추지 말고 꾸준히 글을 쓰는 연습이 필요하다. 좋은 글쓰기 연습을 꾸준히 하면 연습이 습관이 되고 습관이 쌓이면 실력이 된다.

좋은 생각을 담아 좋은 글을 쓰려고 계속 노력하다 보면 시간이 걸릴 수는 있겠지만 좋은 글쓰기 실력이 일취월장하는 자신을 발견할 수 있다.

인터뷰도 글쓰기에 큰 도움이 된다. 특히 좋은 사람을 상대로 인터뷰해서 그들의 이야기를 글로 풀어쓰는 인터뷰 글쓰기는 최고의 글쓰기 노하우라고 할 수 있다.

우선 자신의 주변 사람들을 상대로 글쓰기 연습을 해보기를 추천한다. 그들의 이야기를 처음부터 끝까지 열심히 들어주고 글로 풀어 쓰는 연습이 쌓이면 고수가 된다.

글의 목적이 분명해야 한다

글의 목적이 분명하지 않으면 그만큼 설득력이 떨어질 수밖에 없다. 글을 쓸 때는 전달하고자 하는 핵심 내용을 중심으로 몰고 가는 집중력이 필요하다.

좋은 글을 쓰기 위해서는 아까워하지 말고 과감하게 버려라. 모두 다 담으려면 글이 산만하고 결국은 글을 망친다. 모두 끌어안으면 핵심이 흐려지고 그러다보면 전달 능력이 떨어진다.

쉽고 간단하게 표현하라

어려운 내용도 쉽게 풀어쓰는 사람이 있는가 하면 쉬운 사실도 어렵게 쓰는 경우도 있다. 그러기 위해서는 자신이 먼저 글로 전달하고자 하는 핵심 내용을 파악해야 한다.

모 교수가 한 말이 생각난다. 어려운 글을 쓴 대학 후배가 감수를 부탁했다. 그 글을 읽은 교수가 이렇게 답했다.

"이 분야에 관련된 전문서적을 여러 권 쓰고 이 분야의 교수로 활동하고 있는 나도 자네가 쓴 글이 어려워서 이해를 못하겠다."

내용을 확실하게 알고 쓰는 글과 모르고 쓰는 글은 독자가 먼저 알아본다.

많이 읽고 생각하고 글로 써라

갈수록 글쓰기의 중요성이 커지는 시대이다. 신문도 좋고 책도 좋다. 좋은 글쓰기를 원하면 좋은 글을 많이 읽고 생각하고 글로 써라. 독서를 통해 지식과 생각의 폭을 넓혀갈 수 있다. 초등학교 때부터 읽고 생각하고 생각을 글로 표현하는 습관을 길러야 한다.

창의적 글쓰기로 생명을 불어넣어라

필자는 글도 생물처럼 살아서 숨을 쉰다고 생각한다. 좋은 글은 읽는 사람들의 마음을 움직이고 감동을 주기 때문이다. 자신이 쓴 글이 살아서 읽는 사람들에게 영향을 미친다고 생각하면 좀 더 창의적인 글을 쓸 수 있다.

시인들이 머리를 쥐어짜고 치열한 '시앓이'를 하면서 살아 숨쉬는 시(詩)를 쓰듯이 숨결을 불어넣는다고 생각하고 글을 써보라. 평소 글을 쓰기 위해 기록해둔 메모가 있다면 이를 창의적 글쓰기에 적극 활용하라.

독창적이면서도 풍부한 상상력을 발휘하여 창의적 글쓰기를 꾸준히 하면 창의력이 늘어나고 성격도 적극적이고 능동적으로 변한다.

많이 듣고 보고 경험하라

좋은 글쓰기는 풍부한 지식과 경험이 자산이다. 경험이 많으면 많을수록 다양한 상황에서 다양하게 응용할 수 있다. 필자는 글을 머리로 쓰지 않는다.

글을 쓰기 위해서 많이 보고 듣고 체험한다. 머리로 쓰는 글은 분명 한계가 있다. 아무리 천하의 문장가라 하더라도 머리만 굴려서 쓰는 글은 체험에서 우러나온 글을 당해낼 수 없다.

하지만 몸으로 익힌 경험은 한계가 있다. 책을 통해 경험하라. 독서를 통한 간접경험도 좋은 글쓰기에 큰 도움이 된다.

메모하는 습관을 길러라

평소 메모하는 습관을 길러라. 글감이나 아이디어가 떠오르면 우선 메모를 한다. 그리고 그 메모를 가지고 생각을 담아 글로 풀어 써라. 메모를 가지고 글로 풀어 쓰는 연습을 꾸준히 하면 글쓰기 실력이 향상된다.

메모하는 방법도 다양하다. 필자가 잘 사용하는 메모 노하우를 공개한다.

① 메모지에 기록한다. 메모지에 옮기는 방법은 가장 기본적인 방법이다. 필자는 항상 두 가지의 메모수첩이 있다. 하나는 취재수첩이고 또 하나는 그보다 더 작은 수첩이다. 글감이나 좋은 생각이 떠오르면 기자수첩에 기록한다. 그리고 시간이 날 때 손지갑처럼 휴대가 가능한

수첩에 옮겨 적는다.

② 휴대폰 메모장을 이용한다. 주변이 혼잡하거나 어수선한 분위기에서
는 휴대폰 메모장을 이용한다. 웬만한 장문도 휴대폰 메모장을 이용
하면 간단하게 처리할 수 있어서 좋다.

③ 휴대폰으로 내가 나에게 문자를 보낸다. 필자가 가장 많이 애용하는
메모 습관이다. 내(발신자)가 나(수신자)에게 휴대폰으로 문자 메시지
를 보내는 방식으로 메모를 하고 시간이 있을 때 차분하게 글로 옮겨
적는다. 문자를 보내는 순간 발신자와 수신자 모두에게 정확한 시간
이 찍히기 때문에 글을 쓸 때 아주 유용하다. 승객들로 가득 찬 러시
아워 출퇴근길 지하철 안에서도 얼마든지 가능한 작업이다.

④ 디지털 카메라로 찍는다. 길을 가거나 지하철을 기다리다가 좋은 글
귀를 만나면 여지없이 카메라를 꺼내들고 렌즈에 담는다. 심지어 지
하철을 타고 가다가 잠깐 정차하는 순간 좋은 글귀를 발견하면 재빠
르게 하차하여 사진을 찍는다.

⑤ 자리에 앉을 경우에는 노트북을 이용한다. 필자는 항상 노트북을 휴
대하고 다니면서 언제 어느 때라도 여건만 되면 컴퓨터 작업을 한다.
지하철이나 버스에서 30분 이상 앉아갈 수 있을 때는 내가 앉아 있는
그 자리가 바로 즉석 이동 작업실이 된다. 노트북에 카메라를 연결하
여 사진도 옮기고 메모도 하고 글쓰기 작업도 한다.

공공장소 화장실은 글쓰기 보물창고이다

공공장소 화장실에 가면 문화 전시장 같은 착각을 느낄 때가 많다. 멋진 글귀가 실린 액자가 곳곳에 걸려 있고 기성 작가들의 시를 접할 수 있어서 좋다. 화장실에 여기 저기 걸려 있는 글을 읽다 보면 자신도 모르게 잠자는 상상력이 날개를 펴고 글을 쓰고 싶은 욕구가 샘솟는다. 필자는 화장실에서 얻은 글감 소재를 활용한 글쓰기를 즐긴다.

한 예로 2004년 5월 고속버스를 타고 강릉을 가는 길에 횡성(소사) 휴게소를 들른 적이 있다. 화장실에 볼 일이 있어 들어섰다가 너무 깨끗하고 쾌적한 분위기에 즉석에서 디지털 카메라를 꺼내 여기 저기 사진을 찍었다. 그리고 집에 돌아와서 관련 기사를 썼다.

기분 좋은 화장실 청소 실명제

서울에서 고속버스를 타고 강릉에 가는 길에 휴게소에 들렀다. 강남 터미널을 출발하여 영동고속도로를 1시간 30분 남짓 달리다 보면 나타나는 횡성(소사) 휴게소다.

버스가 휴게소에 도착하기 무섭게 자리에서 일어나 화장실로 들어서니 입구에 걸린 액자가 가장 먼저 눈에 띈다. 급한 마음에 들어갈 때는 별 생각 없이 지나쳤다가 볼 일을 보고 나오면서 액자 속에 들어 있는 사진과 글귀를 유심히 읽어보고 깜짝 놀랐다.

화장실 청소를 담당하는 직원의 사진과 이름 석 자 그리고 전화번호가 뚜렷하게 적혀 있는 모습이 인상적이었다. 깔끔한 유니폼 차림으로 찍은 '위풍당당' 노인의 클로즈업 사진은 믿음을 주기에 충분했다.

아무리 직업에 귀천 없는 세상이 되었다지만 화장실 청소를 업으로 삼는 자신의 신분을 저토록 당당하게 밝히기까지는 분명 용기가 필요하다. 화장실 청소 실명제가 얼마나 지켜지고 있는지 직접 두 눈으로 확인하고 싶은 호기심이 발동하여 한참을 지켜보았다.

자신의 사진과 이름이 걸린 액자 속의 주인공이 빗자루를 들고 화장실 문 앞에 서 있다가 수시로 화장실을 들락거리면서 동작 빠르게 청소를 했다. 화장실이 유난히 깨끗해서 그런지 볼일을 보고 나오는 사람들의 얼굴 표정도 하나같이 환하고 밝아 보였다.

그 집을 제대로 알려면 가장 먼저 화장실을 가보라는 말이 있다. 그만큼 화장실은 그 집의 얼굴이다.

화장실에서 자신의 명예와 이름을 걸고 청소하는 아름다운 모습이 여기서 그치지 않고 전국으로 바람처럼 확산된다면 얼마나 좋을까. 천릿길도 한걸음부터 시작하고 작은 물방울이 모여서 바다를 이루듯이······.

장거리 여행길에 잠깐 들른 화장실이었지만 아직도 그 화장실을 떠올리면 기분이 좋다.

Chapter

06

인터뷰 | 글쓰기 | 실전사례

천하의 문장가라도 머리로 쓰는 글은 체험에서 우러나오는 글을 능가할 수 없다. 필자가 삶의 체험을 꾸준히 병행해온 이유 또한 머리가 아닌 오감(五感)으로 살아 숨쉬는 글을 쓰기 위해서였다. 그 일부를 소개한다.

호기심 유도 –
인간 레이더 허창호

고기를 잡으러 바다로 갈까요, 고기를 잡으러 산으로 갈까요. 고기를 잡으러 산으로 간다면 미친 사람 취급을 당할 것이다. 그러나 고기를 잡으러 산으로 가는 사람이 있다. 그것도 바다에서. 부산 가덕도에 가면 고기를 잡으러 산으로 가는 인간 레이더 허창호(60)가 있다.

그는 고기를 눈으로 낚는다. 아니 더 정확하게 말하면 숭어 떼를 발견하는 것이 그의 직업이다. 참으로 별난 직업을 가진 사람이다.

기상예보관이 날씨를 미리 예보하듯 그는 바다에서 고기떼가 몰려오는 것을 발견하여 즉시 고기잡이 어선에 알림으로써 그물로 건져 올릴 수 있도록 한다.

삼성르노자동차공장이 있는 부산 강서구 용원 여객터미널에서 그가 사는 가덕도 대항까지는 정기여객선으로 한 시간 가량 걸린다.

허창호 씨는 가덕도 토박이. 태어나서 지금까지 가덕도에서만 살고 있다. 그는 고기떼가 몰려오는 것을 정확하게 찾아낸다. 그의 숭어 떼 관찰은 단 한번도 실패한 적이 없다. 백발백중의 인간 레이더.

그에게 무슨 비결이 있을까. 어떻게 바닷속에서 몰려다니는 고기떼를 족집게처럼 찾아낼 수가 있을까. 그의 눈은 천리안이라도 된단 말인가. 아무리 생각해도 신기하다.

시력이 보통 사람들보다 좋으냐고 물으니 그렇지는 않단다. 아니 아예 시력 측정을 받아본 적이 없기 때문에 자신의 시력이 얼마나 되는지 알지 못한다.

"시력이 좋다고 해서 멀리서 몰려오는 고기떼를 찾아낼 수 있는 것은 절대로 아닙니다. 시력이 아무리 좋은들 어떻게 바닷속에 있는 고기떼를 발견할 수가 있겠습니까. 다 그럴 만한 노하우가 있어야 가능한 일이지요."

그렇다. 그는 남들 눈에 쉽사리 보이지 않는 고기떼를 발견하는 특별한 뭔가가 있다. 그건 바로 색깔이다. 물론 시력도 좋아야 하겠지만 그는 색깔로 고기떼를 구별한다.

"고기떼가 몰려오면 물의 색깔이 확연하게 달라집니다. 고기가 몰려 있으면 물색이 붉은 색으로 나타나거든요."

그가 고기떼를 찾아내는 비결은 바로 거기에 있다. 시퍼런 색깔의 고기떼가 모이면 물색이 붉은 색을 띤다는 것이 너무도 신기하다. 그는 물속의 고기떼를 찾아내는 데 천부적이다. 그러나 그는 누구라도 배우면 할 수 있다고 한다.

그는 육안으로 숭어뿐만 아니라 바닷속에 있는 고기떼는 뭐든지 다 찾아낸다. 하지만 그는 숭어만 잡는다.

가덕도 앞바다에 숭어 떼가 가장 많이 몰려오는 시기는 4~5월. 따라서 그가 가장 바쁜 때도 물론 이때다. 그는 해마다 3월부터 6월 중순까지 숭어를 찾아내는 일을 한다.

가덕도에서는 숭어가 많이 잡히는 철에 숭어축제를 연다. 올해가 두 번째로 지난 4월 28~29일 이틀간 열렸는데 외지인들이 몰려올 정도로 대성황을 이루었다.

그는 바다가 잘 보이는 언덕 위에서 숭어 떼를 관찰한다. 낚시터로 말하자면 포인트라고나 할까. 특이한 점은 여기 저기 옮겨다니는 것이 아니라 정해진 장소에서만 관찰을 한다.

가덕도 숭어잡이는 어촌계에서 공동으로 운영한다. 당연히 그도 어촌계 소속. 어로장을 맡고 있다. 어로장은 고기잡이 어선의 숙련된 책임자를 말한다. 군대로 치면 대장. 그가 하는 일이 얼마나 중요한지 그의 직책으로 봐서 알 수 있다.

새벽 4시에 일을 나가면 오후 4시까지 관찰한다. 12시간 가량을 꼬박 하는 셈이다. 특별한 직업을 가진 그는 식사도 특별하게 한다. 식사 때가 되면 어장에서 그가 있는 곳까지 줄로 먹을거리를 매달아 올린다.

숭어 떼가 보이면 곧바로 대기하고 있는 배로 신호를 보낸다. 목청을 높여 "봐라"라고 말 한마디만 한다. 그러면 숭어 떼가 몰려온다는 뜻으로 알아듣고 배에 있는 선원들은 그물로 댕겨 올릴 준비를 한다.

고기가 안전하게 그물 속으로 들어 올릴 때까지 그가 계속 지시를 한다. 숭어잡이 전체를 총괄하는 것이다.

그가 숭어관찰을 직업으로 한 경력은 자그마치 20년. 그 전에는 숭어잡이 배를 직접 탔다. 그런데 숭어잡이 배를 탈 때보다 수입은 오히려 지금이 더 좋다. 그러나 숭어관찰은 한철이다 보니 비수기에는 농사를 주로 지었다. 부지런하기로 둘째가라면 서러운 그였다.

개미처럼 열심히 일한 탓에 가덕도에 살면서도 5남매나 되는 자식들 모두 공부시킬 수가 있었다. 3명의 자녀가 한꺼번에 대학 다닐 때는 정말이지 허리가 휠 정도였다.

아내는 거제도가 고향. 그가 사는 가덕도에서 쾌속선으로 30분 거리밖에 안 된다. 네 딸과 아들 하나를 둔 가덕도 딸 부잣집으로 통한다. 평생 숭어관찰과 고기잡이로 비록 풍족하지는 못했지만 남에게 아쉬운 소리 안하고 5남매를 모두 공부시켰으니 이만하면 만족한 삶이라고 자부한다.

고기가 많이 잡힐 때는 기분이 좋다. 가덕도 숭어는 전국에서도 최고로 알아준다. 좋은 물에서 잡히는 숭어라 맛이 좋기로 유명하다. 가덕도 앞 바다는 물살이 세다. 거친 물살에서 숭어가 살아남기 위해서는 당연히 물질을 많이 해야 하기 때문에 그만큼 군살이 없어서 맛이 좋다.

몰려오는 숭어 떼를 그가 발견해서 그물로 한번에 3만 마리까지 잡은 적이 있다. 고기를 관찰하는 기술을 지금은 고인이 된 선배한테 배웠다. 5년을 집중적으로 배웠다.

몰려오는 숭어 떼를 구분하는 것쯤은 3년만 배우면 충분하다고 한다. 그러나 숭어 떼를 찾아내서 안전하게 어장에 들어가게 할 정도의 실력을 갖추려면 5년은 배워야 한다고 그는 말한다.

지금은 그가 보유하고 있는 숭어관찰 노하우를 전수하기 위해 조수를 키우고 있다. 그가 스승으로부터 기술을 전수받은 것처럼.

그는 평생을 가덕도에 살면서 숭어 먹고 배탈 나본 적이 없다. 아파서 병원에 가본 적도 없다. 아니 아파본 적이 없다. 그만큼 건강하다. 순수하고 순박하다. 자연과 더불어 자연에 순응하며 때 묻지 않고 살아간다.

그래서 그의 눈에 물속에서 떼 지어 다니는 고기떼가 보이는 걸까.

관찰력 있게 쓴 기사 –
한국판 슈바이처 이연종

씨감자를 심는다 연변에. 지금은 비록 작디작은 한 알이지만 뿌리를 내리고 뻗어나가 민족통일을 이루는 씨감자가 되기를 바라면서.

씨감자를 심는다 연변에. 한알 한알이 자라서 한민족이 함께 나눠먹는 풍성한 양식이 되기를 바라면서.

씨감자를 심는다 연변에. 지구상에 흩어진 한민족이 한데 어울려 서로 정담을 나누며 오손 도손 호미질을 하는 날이 오기를 바라면서.

씨감자를 심는다 연변에. 잃어버린 우리의 옛 땅에서 가꾼 씨감자를 우리의 후손이 도란도란 나눠먹는 날이 오기를 바라면서.

씨감자를 심는다 연변에. 격동의 세월을 이겨낸 한민족의 기개와 강인함으로 화려한 통일의 꽃을 피워올리는 씨감자가 되기를 바라면서.

모진 비바람과 눈보라에도 꿋꿋하게 살아남아 생명의 꽃을 피우는 들풀처럼 그렇게……

한국판 슈바이처 이연종 박사(50). 중국에 살고 있는 동포들까지 찾아다니며 따뜻하고 훈훈한 사랑의 인술을 펼치는 천안우일치과 원장이다. 그는 해마다 한차례씩 연변을 방문한다.

벌써 몇 년째 조선족 동포를 상대로 의료봉사활동을 해오고 있다. 수요

일마다 병원 문을 닫고 천안소년교도소로 달려가 재소자들의 치아를 보살펴주는 선행도 10년째 계속하고 있다.

원장님으로 불리기보다는 사랑의 선생님으로 통하는 이 박사. 그가 큰일을 또 하나 벌렸다. 중국 길림성 용정 백금마을에 땅 1만평을 임대하여 씨감자를 심기로 한 것. 이를테면 시범농사이다.

내년에는 임대면적을 30만평으로 늘릴 계획이다. 중국에 흩어져 살고 있는 조선족과 더 나아가서는 북한주민들의 식량을 지원하기 위해서다. 올해 수확목표는 일단 60톤. 모두 씨감자로 다시 쓸 예정이다. 내년에 임대면적을 30만평으로 늘리면 그만큼 종자를 미리 확보해야 하기 때문.

그가 조선족 돕기 의료봉사를 하게 된 계기는 사진이었다. 어려서부터 사진을 좋아했다. 사진을 좋아하다 보니 자연스럽게 사진작가가 되었다. 치과의사이면서 사진작가. 치의학박사 병원장은 마흔이 넘은 나이에 다시 대학원에 들어가 사진전공 석사까지 따내는 집념을 보였다. 사진작가로 활동해오면서 전국대회에서 수차례 입상도 했다.

1990년대 초반 조선족들이 그리운 고국을 찾았으나 환영은 고사하고 되레 괄시받는 모습을 보면서 같은 민족으로서의 동질성을 찾아보기로 하였다. 이때부터 매년 정기적으로 중국 연변을 찾았다. 그때는 의료봉사가 아니라 사진을 찍기 위한 것. 조선족들을 만나 그들의 애환과 동포애를 사진작품에 담았다. 연변에서 찍은 사진작품을 모아 개인전을 열기도 했다.

사진을 찍으면서 그들에 대해 조금씩이나마 알게 되었다. 조선족들. 우리사회에서도 심심찮게 화두로 등장한다. 조선족들은 코리안드림을 꿈꾸고 있다. 그러면서도 한편으로는 고국에 대한 강한 적대감을 품고 있는 것을 많이 보아왔다.

조선족들은 이렇게 항변한다. 역사의 수난기 때마다 그리운 조국을 떠나 저마다의 사연을 안고 중국으로 찾아온 사람들을 동족이라고 따뜻하게 대해주었다. 한 핏줄 한 형제라는 동지애로 그들을 끌어안았다.

그런데 지금의 한국은 조선족들을 어떻게 대해주고 있는가? 코리안 드림을 이루기 위해 꿈에도 그리던 조국을 찾아가는데 돌아오는 것은 냉대와 푸대접뿐이다.

동족이라고 믿고 찾아간 조국인데 불법체류라고 몰아 부치는 것이 말이 되는가? 내 땅이라고 생각하고 내발로 왔는데 왜 조국을 떠나라고 하는가? 한국을 다녀온 조선족들이 느끼는 감정의 골은 생각보다 깊었다.

사회적 관심 유발 –
소아암 아들과 아빠

소아암 환자 및 가족들에게 용기와 희망을 심어주기 위해서 소아암을 극복한 어린이와 아빠가 함께 전남 해남군 땅끝마을에서 임진각까지 도보 국토종단으로 2002년 새해를 연다.

정상인도 하기 어려운 대장정을 초등학생 어린이가 이 추운 엄동설한에 아픈 몸을 이끌고 대장정에 나선다. 한겨울 추위에 꽁꽁 언 고사리 손을 호호 불며 땅끝마을 토말에서 임진각까지 하루 이틀도 아니고 일주일도 아니고 20일 동안이나 한 걸음 두 걸음 걸어서 간다.

밝아오는 2002년 새해 첫날 아침에 출발하여 20일에 걸쳐서 한겨울 도보 국토종단 대장정에 나설 주인공은 서울 신상도초등학교 6학년에 재학 중인 이한솔 군과 아버지 이영민 씨이다.

혹한 속 눈길을 헤치고 가슴을 후벼 파는 칼바람을 맞으며 대장정에 나서는 한솔 군은 급성임파구성 백혈병에 걸려 중앙대학의료원 필동병원 소아병동에서 3년 6개월째 힘겨운 투병생활을 해왔던 소아암 환자.

병원에서도 3년 생존율 90%라고 판정할 정도로 절망적인 병이었으나 한솔이와 가족은 희망을 잃지 않고 재발방지요법을 포함하여 투병생활을 해온 끝에 완치가 되었다.

이영민 씨는 한솔이가 낫고 나자 이 기쁨을 한솔이와 가족만 누릴 것이 아니라 병마와 싸우고 있는 다른 어린이들에게도 희망과 용기를 줄 수 있는 방법이 없을까? 고민 끝에 이번 도보 국토종단을 결심하게 되었다.

한겨울 추위를 훈훈하게 녹여줄 이들 부자의 2002년 새해 도보 국토종단 대장정 소식은 현장통화를 통해 출발에서 마칠 때까지의 전 과정을 생생하고 빠르게 중계하여 네티즌 독자들에게 전달하였다.

그리고 1년 후 한솔이와 아빠의 국토종단 1주년기념으로 한솔이 아빠와 함께 땅끝마을을 방문해서 국토종단 당시를 회상하고 대장정을 기리는 현장까지 동행 취재하여 독자들에게 전달하는 끈질김을 보여줍니다.

현장 체험 –
열기구 설계 · 제작자 허민식

톡톡 튀는 톡톡맨 허민식(34). 국내 최초 열기구 설계 및 제작자. 그는 직장생활하면서 남는 시간 대부분을 열기구에만 전념하고 있다.

상큼한 새벽바람을 맞으며 아산시 염치읍 동정리 충무수련원에 6시 30분 도착. 여기가 바로 열기구 비행장. 앞에 꽤 큰 호수가 있다. 염치저수지. 열기구를 차에서 꺼내놓고 조립을 하는 허민식 씨의 손놀림이 빨라졌다. 7시 15분. 버너에 점화하여 더운 공기를 불어넣자 열기구가 축구공 모양으로 거대하게 부풀어오른다. 높이가 자그마치 27m나 된다.

7시 18분 탑승을 마치고 20분 비상 시작. 일행 3명이 열기구에 매달려 지상에서 떠오르는 순간 나도 모르게 덜컥 겁이 난다. 이런 것을 두고 체감공포라고 하나보다.

그런데도 허민식 씨는 아무렇지 않은 듯 열심히 버너펌프질을 한다. 지상에서보다 열기구를 타고 하늘여행을 하는 지금 이 순간이 더 편하고 자연스러워 보이는 그의 모습에서 존경심을 넘어 경외감을 느낀다. 나는 이렇게 무섭고 겁이 나는데 15m 상공에서 아래를 내려다보니 공포분위기는 극에 달한다. 열기구 줄을 잡은 내손에 불끈 힘이 들어간다.

열기구가 더욱 높이 솟아올라 아래가 까마득해지면서 신기하게도 공포

감은 사라지고 몸도 마음도 두둥실 구름을 탄 느낌이 든다. 이보다 더할 수 없는 쾌감이 밀려온다. 온몸이 짜릿짜릿하고 스릴 넘치고 흥분의 도가니에 푹 빠져드는 이 기분이 바로 쾌감의 극치가 아닐까. 상큼한 새벽공기가 더욱 기분을 좋게 해준다.

우리는 지금 호수 위를 날고 있다. 더도 말고 덜도 말고 바람이 적당하게 불어준다. 호수 건너 산 넘어 두둥실 떠간다. 바람 속에서 바람과 하나 되어 바람과 함께 날다 보니 바람이 부는 것을 전혀 느낄 수가 없다. 고도계는 어느덧 94m를 가리키고 있다. 천하가 발아래 내려다보인다.

고도 148m. 계속 상승. 땅에서는 높아만 보이던 구비구비 능선길 정상이 모두 저만치 아래로 내려다보인다. 어렸을 때 뛰놀던 마을앞산을 넘으면 또 산이 있고 저 산 넘어 뭐가 있을까 궁금해서 또 넘어가면 또 산이 가로 막혀 있어 가도 가도 영원히 풀리지 않던 신기루가 풀리는 기분이다. 열기구를 타고 가는 나에겐 이 산 너머도 저 산 너머도 한눈에 훤히 내려다보이기 때문이다.

가는 방향반대로 아산 시내가 보인다. 커보이던 호수도 손바닥같이 보이고 고도계의 상승신호는 계속 울린다. 풍선에 더운 바람을 채우는 버너점화소리도 간간이 들린다. 그 커보이던 호수는 흔적도 없이 산과 계곡 속에 파묻혀 보이지 않을 정도로 출발지에서 멀리 날아와 버렸다. 아산시내도 축소판처럼 작아보인다. 내려다보이는 사방이 물안개. 진달래도 피었다.

어느덧 일출이다. 일출을 보면서 비상한다. 고도 330m. 도토리 키 재듯 옹기종기 모두 낮은 산뿐이다. 우리는 지금 고압선 철탑 위를 날고 있다.

내려다보는 일출이 장관이다. 그것도 천천히 아주 천천히 하늘을 날면서 일출을 보고 있노라니 신선이 된 기분이다. 눈이 너무 부셔서 차마 일출장면을 똑바로 쳐다볼 수가 없다.

7시 56분, 조그만 지붕 위로 천천히 가고 있다. 부풀어진 풍선 바람을 빼면서 급하강. 앞으로 쏠리면서 논 한가운데 착륙. 시간을 보니 8시이다.

땅에 내리자 아니나 다를까 상승기류가 생기고 바람이 점점 강해진다. 어느덧 해가 중천에 떴다. 내린 포인트는 골프연습장 100m 못 미친 논 한가운데. 이렇게 해서 열기구를 타고 길 없는 하늘 길을 훨훨 날아 환상여행을 즐긴 40분 곡예는 끝났다.

기획 기사 –
실미도 생존자 김방일

1971년 8월 23일 서울이 발칵 뒤집힌다. 군복을 입은 신원을 알 수 없는 24명의 무장요원이 인천에서 버스를 탈취해 서울로 진입한 것이다. 공비침투라는 군당국의 발표를 들은 시민들은 한바탕 전쟁의 공포에 휘말리게 된다. 뒤늦게 연락을 받고 대기중이던 군인과 총격전끝에 청와대로 향하던 이들은 수류탄 자폭으로 끔찍한 최후를 마친다.

그러나 이들은 공비가 아닌 북한 주석궁 침투를 목적으로 비밀리에 지옥훈련을 받은 실미도 특수부대원으로 밝혀진다. 기간병들을 사살하고 청와대로 진입하려던 실미도 특수부대 난동사건은 진실을 밝힐 기회도 없이 역사속에 흔적도 없이 묻혀버린다.

이들은 누구인가? 무엇때문에 김일성 주석궁을 목표로 하던 총부리를 청와대로 돌렸는가? 실종돼 버린 이사건의 진실은 영원히 밝혀질 수 없는 것인가? 실미도 특수부대원으로 마지막까지 남아 있다가 살아남은 자는 소대장 김방일 씨와 경비병 5명 등 기간요원 6명뿐이다.

실미도에서는 과연 무슨 일이 일어났을까? 그리고 그들은 왜 자신의 목숨을 버리면서까지 하극상을 일으켜야만 했을까? 김방일 씨는 훈련요원들의 피비린내 나는 하극상 이후 상황까지 실미도 난동사건 전모를 가장 정확히 알고 있는 사람은 자신뿐이라고 말한다.

김방일 씨를 만나 당시 사건의 전모와 특수부대의 실체에 대해 들어본다. 그는 먼저 희생된 기간요원과 훈련요원들의 명복을 빌었다.

기자는 〈이제는 말할 수 있다〉라는 MBC의 프로그램을 보고 이 사건에 대한 의구심이 들어서 특수부대 소대장으로 마지막까지 남아있다 살아남은 김방일 씨를 만나보았다. 실미도에 대해서 드러나지 않은 새로운 사실을 그를 통해서 알게 되었다. 김방일 씨는 왜 지금까지 입을 다물었을까?

"너무 가슴에 한이 맺혔습니다. 이 사건을 가슴에 묻고 죽을 때 무덤까지 가지고 가려고 했습니다. 그러나 더 이상 사건이 왜곡되는 것을 이대로 두고 볼 수가 없어서 이제는 밝혀야 할 때가 되었다고 결심했습니다."

처음에 그는 기자를 만나는 것조차 부담스러워 했다. 기자는 김방일 씨를 만나 역사 속에 묻혀버린 이 사건의 진실을 밝혀야 한다고 그를 잘 아는 친구를 통해서 설득하였다. 그러나 그는 좀처럼 입을 열지 않았다. 이 사건을 알리기를 한사코 거부했다. 3개월간의 집요한 설득 끝에 그의 허락을 얻어냈다. 그는 당시 상황을 회상하면서 회한이 북받쳐 오르는 듯 손수건을 꺼내 연신 눈물을 닦아냈다.

북파목적으로 창설되었다는 실미도 특수부대. 정식 명칭은 2325전대 209파견대였다. 68년 4월에 창설되었다고 해서 '684부대' 라고 불렸다. 특수부대 창설은 68년 김신조가 이끄는 북한무장공비 31명이 청와대를 습격하기 위해 서울에 침투했던 1 · 21사태에서 비롯된다. 침투한 공비 31명 중 29명이 사살된다. 한명은 자폭하고 김신조는 생포된다.

28년간 묻혀있던 실미도 문제를 다시 세상에 들고 나온 사람은 소설《실미도》를 쓴 소설가 백동호 씨였다. 그리고 〈이제는 말할 수 있다〉에서 방영되어 재조명되었다.

고도로 훈련된 그들이 뿔뿔이 흩어져 행동을 했더라면 작전이 훨씬 용이했을 텐데 왜 무리지어 청와대로 향하려 했을까? 공군 정보부대 중앙정보부는 실미도에서 벌어진 난동사실을 정말 몰랐을까? 당시 소대장 김방일 씨는 어떻게 살아남을 수가 있었을까? 실종돼버린 이 사건의 진실을 이제는 그가 밝히려 한다.

〈실미도 684 주석궁 폭파부대 시리즈〉

30년 전 세상을 발칵 뒤집어 놓은 실미도 특수부대난동 사건. 김일성 주석궁 폭파를 목적으로 창설되었다는 실미도 특수부대에서 죽도록 북파 훈련만 받던 24명의 훈련요원들이 기간요원을 사살하고 총부리를 청와대로 돌린 사건이다.

684 김일성 주석궁 폭파부대. 68년 4월에 창설되었다고 해서 684부대라고도 부른다. 그들은 왜 주석궁을 겨냥하던 총부리를 청와대로 돌렸을까?

실미도 난동사건의 전말을 알 수 있는 유일한 실무책임자 김방일 소대장이 더이상 이 사건이 왜곡되는 것을 두고 볼 수 없다며 마침내 입을 열었다.

30년 전 역사 속으로 들어가 실미도에서 도대체 무슨 일이 일어났으며 난동사건의 전말은 무엇인지 김방일 씨의 증언을 토대로 진실을 파헤치는 시리즈를 연재한다.

그리고 장장 1년을 다큐멘터리로 연재했다. (2000.11.06 ~2001.11.05)

이 시리즈는 국내 최초 1,000만 관객을 돌파한 〈실미도〉 영화의 중요한 토대가 되었다.

〈실미도〉 영화에서 주인공들이 주인공 역에 몰입하기 위해서 내가 쓴 기사를 손에 뽑아 들고 있을 정도로 큰 반향을 몰고 왔던 기사였다.

그리고 실미도 유가족들이 이 시리즈 내용을 자료로 해서 〈실미도〉 영화가 실미도 요원들을 왜곡시키고 명예를 훼손하는 허위사실이 많이 들어있다면서 소송을 제기하여 승소 판결을 받아내는 결정적 근거가 되었다.

저는 지금도 북파공작원을 계속 취재하고 있다.

그 예로 지난 2006년 6월 10일 오후 2시 서울 전쟁기념관에서 행사를 한다는 제보를 받고 북파공작원 대통합을 위한 특수임무수행자 통합전진대회 행사장을 찾아서 현장취재를 하였다.

또한 북파공작원출신 마이클리의 경우 '클릭이사람 428번 성 4번, 이름 5번 바뀐 북파공작원 출신 마이클리 내 과거를 돌려주세요' 라는 제목으로 2009년 9월 24일 피플코리아에 첫 인터뷰 기사를 올린 이후 현재까지 밀착 취재를 해오고 있다.

기회 포착 –
외인부대 홍성훈

'나는 야 파리의 외인부대원'. 프랑스 파리에서 20km 떨어진 중소도시 '똑시'에서 살고 있는 외인부대 출신 홍성훈(53) 씨를 어렵게 만났다.

한국인 부모의 자식으로 한국에서 태어난 토종 한국인이었지만 지금은 아니다. 프랑스 국적을 가진 프랑스인이다.

한국 군대에서 육군 하사관으로 제대하고 스페인 외인부대에 이어 세계 최고의 정예부대로 통하는 프랑스 외인부대까지 거친 그의 인생 역정은 파란 만장하기 짝이 없다. 살아온 삶 자체를 그대로 옮겨 놓아도 이보다 더 흥미진진한 영화는 없을 것 같다.

1970년 초 그는 육군하사관 제대 후 일자리를 찾았으나 마땅한 곳이 없었다. 그때 마침 친구 삼촌이 원양어선 탔다가 돌아와서 그 배를 타고 선원으로 나갔다. 그것이 그의 운명을 완전히 바꿔놓을 줄이야……

그를 태운 배는 세계적 휴양지 스페인 라스팔마스로 갔다. 거기서 이탈리아 배에 올라가 보니까 봉급이 10배나 많았다. 한국선장에게 돈 많이 벌게 선원수첩을 돌려달라고 했더니 대뜸 하는 말이 미친놈이라며 일언지하에 거절당하고 말았다.

그 즉시 타고온 배에서 무단하선을 했다. 1개월 지나니까 한국회사에서 선원수첩과 비행기 표를 주면서 한국에 가라고 했다.

선원수첩과 비행기 표를 받아 가지고 공항 출국창구로 나가서 옆으로 돌아 다시 빠져나와 그토록 원하던 배를 탔다. 돈벌 욕심에 귀국을 안 하고 불법체류를 한 것이다. 영사관에서 난리가 났다.

그는 이탈리아 배를 타고 1년 반 정도를 선원으로 일했다. 다시 하선해서 카나리아 군도내 라스팔마스로 갔다.

영사관에서 잡아가려고 해서 추적을 피하려고 스페인 외인부대로 들어갔다. 그때가 1976년. 재미있는 일도 많았지만 괴로운 일도 많았다. 그의 성격에 맞지 않아 근무하기 힘들었다. 사고쳐서 영창까지 살았다.

14개월 만에 휴가 받고 나와서 부대로 안 들어가고 이탈리아 배를 탔다. 돈 떨어지면 배를 타고 돈이 모이면 하선해서 바닥 날 때까지 왕창 쓰고 빈 주머니가 되면 또 승선하기를 반복했다. 미치도록 고향이 그리워서 방황의 세월을 보내다 보니 그런 식으로 승선과 하선을 반복하게 되었다.

박정희 대통령이 피살되던 1979년 11월 아파트에서 방황의 세월을 보내고 있었다. 그러던 어느 날 새벽 스페인 경찰과 한국영사관 직원의 불심검문에 잡혀서 그는 불법체류 혐의로 5년간 강제추방 되고 만다.

라스팔마스 영창에서 수갑이 채워진 채로 마드리드까지 압송 당했고 거기서 파리행 비행기를 탔다. 그런데 마침 파리에서 한국행 여객기를 갈아타는 과정에 8시간의 여유가 있었다.

그때 벌떡 일어났다. 그리고는 회사 직원이 가지고 있던 선원수첩을 공해상에서 건네받았다. 수첩을 열어보니 강제송환이라고 적혀 있고 그 위에

직인이 꽝 찍힌 여권이 눈에 들어왔다. 그 순간 이렇게 끌려가서는 안 되겠다는 생각이 들었다.

파리에서 서울행 비행기가 출발하기까지는 8시간의 여유가 있어서 호텔로 갔더니 회사직원이 양주를 사왔다. 이유인즉 그를 술에 취해 곯아떨어지게 해서 서울까지 무사히 데리고 갈 속셈이었다. 그러나 결과는 전혀 반대였다. 그를 취하게 하려고 주고받다 보니 그는 멀쩡하고 오히려 회사직원이 먼저 취해서 인사불성이 되었다.

기회는 이때다 싶어 그날 새벽에 한여름 복장으로 그는 호텔에서 나왔다. 초겨울에 한여름 복장으로 호텔에서 나오는 순간이 바로 탈출순간이었다. 온몸에 한기를 느끼며 새벽 4시에 나와서 목적지 없이 계속 돌아다니다 보니 어느덧 해가 중천에 떴다.

당시 프랑스 말을 전혀 몰랐던 그는 스페인 말을 할 줄 아는 프랑스인을 극적으로 만났다. 그 분의 도움으로 외인부대에 가게 되었다. 귀국하면 영창 가니까 마지막 갈 수 있는 것은 외인부대 뿐이었다. 당시만 해도 외인부대는 지구상에서 갈 데가 없는 사람들의 마지막 도피처였다.

마르세이유 옆에 위치한 '오바뉴'로 가서 초정밀 신체검사 받고 신상명세서를 작성했다. 신상명세서를 속이거나 숨기지 말고 있는 사실 그대로 써야 나중에 불이익이 없다는 말에 솔직하게 적었다. 만약에 나중에라도 속였다는 사실이 드러나면 프랑스에서 사는 한 평생 블랙리스트에 오른다.

한국에서 하사관으로 군복무를 마치고 전역을 했는데 프랑스 말을 전혀 못한다고 신상명세서에 이실직고했다. 그러니 4개월 훈련받고 그가 있을

만하면 남아 있고, 만약 그때 가서 나가기를 원하면 미련 없이 내보내 달라
고 기록했다.

1979년 11월, 30세의 나이로 그렇게 그는 외인부대원이 되었다. 그런데
막상 훈련을 받아보니 낙오는커녕 펄펄 날았다. 사격 1등, 각개전투 1등.
관물정돈도 부대 내의 모범이 될 정도로 똑소리 나게 잘했다.

4개월 신병훈련마칠 때 실력으로는 1등을 했지만 프랑스 말을 못한다는
이유로 2등 졸업. 성적순으로 5등까지는 원하는 근무지로 보내주는 것이
전통이었다. 그런데 그만은 예외였다.

이유를 알고 보니 훈련소대장이 그를 데리고 있으려고 일부러 원하는 근
무지로 보내주지를 않는 것이었다. 그럴 바엔 차라리 처음 약속대로 사회
로 내보내달라고 했지만 그것도 거절당하고 만다.

소대장이 똑소리 나게 잘하는 그를 데리고 있을 욕심으로 엉뚱한 곳으로
보내주었다. 그곳은 바로 소대장이 발령 받을 곳이었다. 그래서 그는 탈영
을 했다. 그리고는 몰래 배를 탔다.

그러나 붙잡히고 만다.

영창 18개월을 살고 군사재판까지 받았다. 영창생활을 하면서도 부대에
서 빠져 나오려고 사고를 많이 치니까 특수감방으로 보내졌다. 국제 골통
들만 있는 특수감방.

하지만 그는 기를 쓰고 사고를 쳤다. 힘센 상사들이고 누구고 닥치는 대
로 싸우고 주먹을 휘둘렀다. 외인부대 측에서도 그를 내보내 주지 않으려
고 갖은 수단을 다 동원했다.

부대 영창 2개월이 넘으면 바로 사회영창으로 넘어간다. 부대에서는 그것을 피하려고 영창 2개월째가 되면 어김없이 하루를 외박으로 내보냈다.

그리고는 다시 영창생활을 하고 또 2개월째가 되면 하루를 외박으로 내보내는 식으로 18개월을 채웠다. 그만큼 그는 외인부대에서도 능력이 뛰어난 대원이었다.

"내가 내 몸 하나도 마음대로 못한다는 것 자체가 화가 나서 견딜 수가 없었어요. 그래서 차라리 그럴 바엔 부대를 나오고 싶다는 생각뿐이었습니다. 그래서 툭하면 싸움질이나 하고 사고를 쳤지요. 지금 생각해도 무서울 게 없었던 시절이었어요.

18개월 영창생활을 마치고 82년에 다시 외인부대로 돌아왔다. 영창에서도 가장 혹독한 특수감방에서 생활했던 그는 외인부대에서도 가장 혹독하기로 악명 높은 곳에서 근무했다.

그러던 중 1983년 레바논사태가 터지자 현지에 투입될 유엔군으로 뽑혔다. 그러나 120mm 박격포 포신을 둘러메고 뛰는 훈련을 받다가 허리를 다치는 바람에 전장에 투입되지도 못하고 군병원으로 후송되어 수술을 받고는 외인부대원에 들어간 지 4년 8개월 만에 제대했다.

외인부대는 복무만기가 원래 5년인데 그는 허리를 다치는 불의의 사고를 당해 두 달 먼저 제대를 한 것이다. 그때가 84년.

제대 후 갈 곳이 없어서 한때 마르세이유 스탠드바에서 일했다. 이래서는 안 되겠다 싶어 외인부대원으로 근무하던 남미 프랑스 해외령 가이아나로 가서 개인택시 운전사가 되었다.

인공위성기지가 있는 가이아나에서 1986년부터 1990년까지 택시를 몰았다. 여동생의 소개로 알게 된 한국인 여성과 결혼해서 아들 하나를 두었다. 파리에서 초등학교에 다니는 아들은 오는 9월이면 3학년에 올라간다.

후배가 파리에서 봉제공장을 하는데 같이 하자고 해서 90년에 택시를 그만두고 파리로 왔다. 그러나 성격이 안 맞아서 봉제공장을 그만두고 나와 덤핑 옷을 사가지고 큰 차에 싣고 다니면서 팔았다. 장사가 잘됐다.

그런데 그만 덤핑 옷 판매 2년 만에 몽땅 도둑맞고 빈털터리가 되었다. 하필이면 아들이 태어나던 해였다.

그때 아내의 고생이 많았다. 고생하는 아내를 더이상 두고 볼 수 없어서 그는 다시 소규모로 덤핑옷 장사를 했다. 6개월 만에 때려치우고 1996년부터 파리에서 현지 관광 가이드로 활동하고 있다.

돈이 조금 모여서 파리 똑시에 작은 아파트도 한 채 구입하고 지금까지 가족과 함께 오순도순 행복하게 잘 지내고 있다. 아들은 프랑스에서 일주일에 하루는 꼭 한글학교에 나가서 한국을 배운다.

이번 한국관광은 3개월짜리 무비자 입국. 한국말을 배우게 하려고 9살짜리 아들을 데리고 왔다. 다행스럽게 한국에 온 지 한 달 만에 아들은 한국말이 부쩍 늘었다.

프랑스에서 그는 1979년부터 22년째 살고 있다. 스페인에서 1975년부터 1979년까지 살았으니 그의 외국생활을 모두 합치면 자그마치 26년.

프랑스 외인부대원 중에서 한국인으로는 그가 두 번째로 알고 있다. 스페인과 프랑스 외인부대를 모두 거친 사람은 그가 유일하다고 한다.

현재 키 177Cm, 몸무게 90Kg. 그러나 외인부대시절에는 몸이 쭉 빠진 날쌘돌이 근육질이었다. 지금도 50이 넘은 나이가 무색할 정도로 차돌맹이 같이 단단해 보인다.

그가 느낀 스페인 외인부대는 억압이고 프랑스 외인부대는 자유 그 자체였다. 그의 말을 빌리면 프랑스 외인부대는 근무시간 끝나면 완전 자유인이다. 점호도 물론 있다.

그리고 외인부대라고 해서 거창한 훈련 목적이나 이유도 없다. 오직 자기 자신을 지키기 위한 훈련이다.

예를 들어 전쟁터에 나가면 프랑스를 위해 싸우는 것이 아니라 자신을 위해서 싸우라는 것이다. 내가 안 죽으려면 강해져야 한다. 그래서 훈련을 받아야 한다.

그런 훈련 덕택인지 사회에서 술타령에 빌빌거리던 사람도 일단 외인부대원이 되면 완전히 다른 사람이 된다. 너무 이질적인 사람들이라 전혀 어울릴 것 같지 않아 보일 정도로 세계 각국에서 온 대원들이지만 신기하게도 하나같이 훈련받은 만큼 강해진다. 훈련을 통해서 자연스럽게 강인한 체력과 정신력의 소유자가 된다.

외인부대 출신으로 전쟁터에서 살아남은 사람은 모든 공을 죽은 사람에게 다 넘긴다고 한다. 불꽃처럼 산화한 동료를 위해 자신을 낮추는 겸손을 보이면서도 마음속으로는 외인부대 출신이라는 자부심이 하늘을 찌른다.

그는 외인부대에서 자기 자신은 자기가 스스로 지켜야 한다고 배웠다. 그리고 한국 사람의 근성을 유감없이 발휘했다.

지금은 비록 고국을 떠나 파리에서 프랑스인으로 살고 있지만 뿌리는 한국인이라는 긍지를 가지고 살고 있다.

소설보다 더 파란 만장한 인생을 살아온 홍성훈. 그가 외인부대에서 얻은 가장 큰 재산은 외인부대 출신이라는 자부심과 자유였다.

기회 포착 –
국경 넘은 이웃사랑 최유경

적도의 나라 에콰도르. 그곳에 가면 사회복지 선교 사업에 헌신하며 살아가는 한국인 여성이 있다. 머나먼 이국땅 산간벽지에서 가난하게 살아가는 원주민들과 함께 이웃사랑을 나누고 있는 한국판 테레사 최유경(42). 본명 리나. 말도 통하지 않는 나라에 건너가 빛처럼 소금처럼 살아가고 있다. 믿음과 사랑과 열정으로 각박한 세상을 훈훈하게 녹이고 있는 벽난로 같은 여자이다.

지구상에서 한국과 가장 먼 나라 에콰도르에서 10년째 국경 넘은 이웃사랑을 펼치고 있는 리나를 만나보았다. 잠시 휴가를 받아 귀국한 그녀는 지금 고향인 춘천에서 가족들과 함께 지내는 중이다. 설 연휴를 고향에서 보내고 이달 말경 다시 에콰도르로 가서 봉사활동을 계속할 예정이다.

리나는 에콰도르 베드로 까르보(ECUADOR PEDRO CARBO) 성당에 소속되어 평신도 신분으로 10년째 사회사업과 선교활동을 해오고 있다. 그가 활동하는 지역은 전형적인 산간벽지로 약 90여개 마을이 산골짜기에 흩어져 있다. 인구는 어림잡아 5만 명으로 추정되지만 호적과 인구조사에 등록되지 않은 마을들이 많아 정확한 수치는 알 수 없다.

"우리나라와 지구 정반대에 위치한 낯선 나라에서 원주민들과 더불어

생활해오다가 고향에 와보니 오히려 춘천이 타향처럼 낯설게 느껴져요. 10년이라는 기간이 그렇게 저를 변화시킬 만큼 긴 세월이었나 봐요.”

선교사로 한국 교구에서 파견된 것이 아니라 자신이 모은 전 재산을 가지고 가서 평신도 신분으로 하는 봉사활동이다. 누가 강요해서가 아니라 스스로 선택한 길이다.

결혼도 뒤로 미루고 자신의 돈을 쓰면서 말도 통하지 않는 낯선 나라에서 남을 위해 봉사한다는 것은 결코 쉬운 일이 아니다. 기자는 고민해 본다. 리나처럼 말도 통하지 않는 외국의 산간벽지 마을에서 사회사업을 하면서 살아가라고 하면 과연 받아 들일 수 있을 것인지 솔직히 말해서 내주머니를 털기는 고사하고 월급을 후하게 준다 해도 나설 용기가 없다.

리나의 지난 세월을 되돌아보자. 딸부자집안의 1남7녀 중 선도 안보고 데려간다는 셋째 딸이다. 꿈 많은 여고시절. 아버지 사업실패로 4년제 대학을 포기하고 전문대에 들어가 산업미술을 전공했다. 졸업 후 인쇄소 도안사로 일하다 3년 만에 그만 두면서 성당봉사활동을 시작했다.

레지오 활동을 하면서 환자, 양로원, 교도소 방문을 열심히 했다. 그때 교도소에서 출감한 노인들을 모시면서 살고 있는 봉사자가 있었다. 거기 가서 노인들이 할 수 없는 많은 일들을 했다. 빨래도 하고 음식도 만들었다. 그 노인들은 가족들과 연락이 끊겨서 오갈 데가 없는 처지였다. 그렇게 4년을 봉사했다. 그러면서 세속보다 성당에서 일하기를 원했다.

그러던 중 ‘착한목자 수녀회’에서 운영하는 미혼모 보호시설인 ‘마리아의 집’에서 일하게 되었다. 리나는 마리아의 집에서 7년 동안 일했다. 직원으로 월급을 받으면서 일을 했지만 그의 인생에서 그때가 가장 보람 있고 즐거웠다.

마리아의 집에는 외국인 수녀가 많았다. 서방 최고의 문화권에서 살다가 한국의 초라한 시골구석에 와서 30년 이상이나 헌신적으로 봉사를 하면서 살고 있는 외국인 수녀들을 보고 감동을 받았다.

어느 날이었다. 몇 년 동안 함께 일해온 교도사목 봉사자가 건네준 말 한 마디가 리나의 운명을 바꾼다. 리나에게 "에콰도르에서 봉사하고 선교하는 신부님을 도와주면 어떻겠냐?"는 제의를 해온 것이다. 신부가 일하는 구역이 너무 커서 혼자 감당하기에는 벅차다는 설명이었다.

리나는 당시 에콰도르에 대해서 아는 것이 하나도 없었다. 하지만 신앙인으로서 신앙 안에서만 생각을 했다.

"누가 저보고 남을 대신해서 죽으라면 죽을 자신이 없었어요. 십자가에 못박혀 죽는 것보다는 에콰도르에서 봉사하면서 사는 편이 낫겠다는 생각이 들었어요. 또 한편으로는 외국인 수녀님들도 이렇게 한국에 와서 헌신적으로 봉사활동을 하고 있는데 입장을 바꿔서 젊은 제가 외국에 가서 살지 못할 이유가 없다는 용기가 생겼어요."

에콰도르 가톨릭에서 정식으로 한국 가톨릭에 선교사를 파견해 달라는 요청이 있어야 가능했다.

"에콰도르 대주교님이 보내온 초청장을 가지고 가서 당시 춘천교구장이던 박토마 주교님에게 보여드렸습니다. 그랬더니 주교님이 보시고 나서 개인적으로 나갈수 있으면 나가라고 말씀하셨습니다."

그래서 그는 수도자가 아닌 평신도 신분으로 에콰도르에 나가 선교의 첫발을 디디게 된다. 그때가 1992년 6월 29일.

한국 가톨릭의 정식 파견이라면 생활비, 선교자금 등등이 보장되는데 그는 개인적으로 나갔기 때문에 지원받을 길이 없었다. 그동안 직장 다니면서 모았던 전 재산 8백만 원을 몽땅 털어서 선교자금과 생활비로 썼다. 가족들, 특히 부모님의 반대가 컸다.

수도자가 아닌 평신도가 개인자격으로 자청해서 환경이 열악한 에콰도르 산간벽지에 나가 선교활동을 한다는 자체가 파격적이다. 가톨릭 선교사로 정식 파견되었다면 모든 자금지원을 받을 수 있지만 자신의 사재를 털어 건너가서 선교 사업을 해오고 있는 그녀의 용기가 놀랍다.

에콰도르에서의 생활은 처음부터 벽에 부딪혔다. 말도 안통하고 시차적응도 안됐다. 모기와의 싸움도 견디기 힘들었다. 말이 안 통해서 바보가 된 느낌이었다. 그만두고 되돌아오고 싶은 생각도 많았다. 세월이 흐르면서 조금씩 적응을 해나갔다.

처음에는 신부가 살고 있지 않는 시골의 한 성당에서 일을 시작했다. 빅토리아 마을의 빅토리아 성당. 일주일에 두 번 신부가 미사차 방문하면 옆에서 도와주었다. 원주민들과의 관계를 좀더 가깝게 하기 위해서 가정방문을 많이 했다. 선교활동도 꾸준히 했다.

아픈 사람이 있으면 그들을 위해서 기도해주고 혼자 사는 노인들을 찾아가서 도와주고 말상대가 되어 주었다. 물이 제일 귀하다. 비 올 때는 빗물을 받아 먹고 생활용수로 쓴다. 우기에 불어났다가 건기 때 빠지면서 웅덩

이처럼 고인 물을 식수와 생활용수로 사용한다.

경제적으로 그들을 도와주지는 못하지만 청년회를 만들어서 공소 방문을 하고 각종 행사에 주민들을 참여시켰다. 성당을 통해서 원주민들과 교회를 연결하는 중간 역할을 그가 해왔다.

그렇게 2년을 활동하다가 빅토리아를 떠나 잠깐 귀국한다. 아마존 밀림에서 봉사하겠다고 생각하고 다시 에콰도르에 갔다. 아마존 밀림에 가보니 빨래 목욕시설은 물론이고 화장실도 없었다. 우글거리는 벌레들 때문에 처음에는 힘들었지만 시간이 지나면서 오히려 그런 환경이 좋아졌다. 그러나 음식이 전혀 입에 맞지 않았다. 인디오들이 해먹는 음식이 역겨워서 견디기 어려웠다.

밀림생활 4개월 만에 지금의 베드로 까르보 성당으로 왔다. 산간 고지대. 비가 올 때를 이용해서 목화, 콩, 옥수수 등을 농작물로 재배하는 지역이다. 심을 때와 추수할 때를 제외하면 할일이 없어 하루벌이가 힘든 사람들이다.

리나가 소속된 성당에서 농민회를 조직했다. 배고프고 어렵게 살아가는 원주민들과 생활을 함께 하면서 선교 사업을 해나간다. 남미에서 가장 수요가 많은 것이 닭고기라는 점에 착안해서 성당 봉사자 20명과 함께 주민 소득 사업으로 양계를 했다.

봉사자들을 나눠서 팀을 짰다. 닭 키우는 팀 5명, 닭 잡는 팀 5명, 판매팀 3명, 사료 만드는 팀 2명 등으로 업무를 분담했다. 관리는 리나를 포함한 3명이 맡았다. 옥수수 재배는 전 회원이 함께 했다. 아무 것도 없이 맨주먹으로 출발했다. 처음에는 주민들에게 실패를 경험하도록 시범사육을 했다. 양계사업이 성당의 소유가 아니라 그들의 것이라는 주인의식을 심어주기 위해서…….

그러나 처음부터 무상으로 주다 보면 자립성을 잃을까봐 되도록 그들 스스로 활로를 찾고 개발해나가는 조직적인 차원에서 지원과 교육을 실천하고 있다.

사료값이 많이 들어갔다. 회원들과 함께 사료를 직접 만들었다. 사료의 80%가 옥수수. 한국 가톨릭 신자들의 도움으로 80ha의 땅을 구입해서 옥수수를 심었다. 그러나 개간비가 너무 많이 들어 20ha밖에 심지 못했다. 거기서 나오는 옥수수로 닭사료를 만들기 시작했다.

1999년부터 닭장 한 동당 5천 마리씩 닭을 키웠다. 닭장 한 동당 20가정이 일하고 여기서 나오는 이익금으로 생활할 수 있는 일터가 됐다.

그가 소속된 성당은 그런 식으로 닭장을 계속 늘려나가고 있다. 그러다 보면 자연스럽게 더 많은 가정에게 일자리가 제공되고 생계문제가 해결될 것이다. 그녀는 지금까지 그렇게 봉사해오고 있다. 리나의 피나는 노력으로 양계 사업은 이제 기초단계를 넘어 본당 지역 주민들에게 큰 관심과 희망을 심어주고 있다.

그가 있는 지역의 여성들은 제대로 대접을 받지 못하고 있다. 경제권이 없고 교육수준도 낮기 때문에 남편에게만 매달려 살 수밖에 없는 실정이다. 남편이 바람을 피우거나 구타를 해도 당하기만 한다. 남편들이 여기저기 다른 여자들과 바람피워 아이를 낳는 경우가 다반사이다. 그런 아이들에 대한 책임감이 거의 없다.

가장 큰 사회·범죄 문제가 바로 여기에 있다고 리나는 본다. 아이들이 부모로부터 버림받고 제대로 교육도 못 받고 생활이 어렵다 보면 범죄와 마약에 빠져들기 쉽다. 이런 모든 문제의 근본적 원인은 원만하지 못한 가정에서 비롯된다. 부부들의 90%가 혼인신고가 되어 있지 않은 상태의 동거부부다. 그렇기 때문에 책임감이 없다. 리나는 이런 부부들을 찾아다니면서 혼배성사를 주선한다.

여성들 위주로 한 달에 한 번씩 각 구역마다 여성들을 위해 일할 수 있는 책임자를 뽑는다. 이 사람들에게 지식을 심어주기 위한 교육 프로그램을 짠다. 인권, 지위향상, 가정에서 해야할 일 등을 가르친다. 미용, 미싱, 양재, 보조간호, 요리강습 등등.

어린아이들 문제에도 많은 신경을 쓴다. 성당 주일학교를 개설해서 참여시킨다. 그가 소속된 성당 교육 사업으로 초등학교를 설립할 계획이다. 독지가로부터 학교를 세울 땅은 이미 기증 받았지만 자금 부족으로 독지가를 기다리고 있다.

리나는 지금 휴가를 받아 잠시 한국에 나와 있다. 어머니가 돌아가시는 바람에 출국 일정을 늦췄다. 10년 동안 투병 중이던 어머니는 두 달 전에 쓰러져 혼수상태로 계시다가 돌아가셨다.

쓰러지던 날도 빨리 시집가라며 자식 걱정하셨는데 부모님을 가장 마음 아프게 한 불효자식이지만 리나는 지금 하고 있는 일이 자신의 인생이 아닌가 하는 생각이 든다.

결혼을 하면 가정을 위해서 희생해야 한다. 리나는 어차피 희생할 것이라면 가정이라는 소수를 위한 희생보다 더 많은 사람을 위해 희생하는 것도 괜찮을 것 같다는 생각을 한다. 리나는 자신의 건강이 허락하는 한 이 일을 계속 하고 싶어한다.

한국판 테레사 최리나. 국경 넘어 지구 반대편 적도의 나라에서 뜨거운 열정과 사랑으로 각박한 세상을 끌어안고 더불어 살아가는 그의 삶이 보석처럼 찬란하게 빛나 보인다.

10년 넘게 취재 –
아산 시누크 장정희

시누크(Chinook)는 미 보잉사에서 만든 군용 수송헬기이다. 우연히 하늘을 나는 시누크를 보고 그것을 만들고 싶다는 생각이 들어 그때부터 지금까지 몇 년을 매달려 그 꿈을 이룬 사나이가 있다. 시누크를 만든 사람은 바로 장정희(41).

아산에 가면 거대한 시누크가 있다. 완전무장하고 50명을 실어 나를 수 있는 실제 기종보다 2배나 더 크게 만든 CH47 모형 시누크. 지상에 사뿐히 내려앉아 작전명령을 기다리다 임무를 부여받고 금방이라도 하늘높이 날아오를 것 같은 모습이다.

바람 부는 늦가을 오후. 수십 미터의 프로펠러가 허공을 가르며 빙글빙글 저절로 돌아가는 시누크를 보는 순간 '이 남자 대단한 사람이구나!' 라는 생각이 절로 들었다. 트랩을 밟고 그가 만든 시누크에 올라타 기내에서 창밖을 내다보면서 이색적인 인터뷰를 시작했다.

활주로에 내려앉은 모습의 시누크가 있는 곳은 충남 아산시 음봉면 신수리 276번지로 아산온천단지에서 불과 5분 거리이다.

무려 400여 명의 미 공군 엔지니어와 조종사들이 이곳을 다녀갈 정도로 그가 만든 시누크는 이제 미 공군에서도 화세가 되고 있다. 그런가 하면 미 공군이 뽑은 2002년 최고의 시누크로 이 모형기종이 선정되어 그 기념으로 그는 미 공군부대 깃발을 기증받는 영광도 안았다.

이 일을 하기 전에 그는 음악을 했다. 서울에서 살다가 온양에 내려와 연습실을 하나 가지고 있었다. 연습실이 생긴 지 1년쯤 지났을 때 부도가 나서 그 땅이 넘어가는 바람에 보증금만 겨우 찾았다. 연습실이 없어진 그는 제대로 된 작업실 하나 있으면 좋겠다고 생각했다.

지금 시누크가 앉아 있는 이 땅은 형수님에게서 얻은 것이다. 무언가를 지을 수 있는 공간을 얻고 나서 어떤 형태의 작업실을 만들까 이 생각 저 생각 하고 있는데 갑자기 머리 위로 시누크 한 대가 지나갔다. 바로 그 순간 그걸 만들고 싶었다. 5년 전 우연히 하늘을 나는 시누크를 보고 그때부터 혼자 만들었다.

시누크와 전혀 상관없이 음악과 연주생활을 하며 살아온 그가 어떻게 시누크를 만들었을까 그것이 궁금했다.

처음에는 공대 친구들에게 부탁하여 도면을 받아보았지만 영 마음에 들지 않았다. 그렇게 해서는 그가 생각하는 시누크가 안 나올 것 같아서 자신이 직접 윤곽을 잡아나갔다. 건축이나 설계에 문외한이었던 그는 문방구에서 조립식 시누크 장난감을 구입하여 조립해보고 그 모형을 확대해서 하나하나 만들어나갔다.

연주생활 할 때 3년간 용접학원에 다니면서 용접을 배워둔 것이 도움이 됐다. 그때 배운 용접 기술과 타고난 손재주로 시누크를 만들었다.

시누크의 내부에는 대형 스크린이 설치되어 있고 라이브 시스템도 갖추고 있다. 시누크의 전체적인 분위기는 음악, 합주생활을 생각하면서 만들었다. 전체적인 기둥은 기본베이스로 깔고 다음에 악기로 살을 붙이듯 내부를 꾸며나갔다.

남들은 완공됐다고 하지만 사실은 아직도 미완성이다. 바퀴하고 프로펠러 모터 달아주는 것은 아직 진행 중이다. 건물로 따지면 12M로 4층높이다. 실내 바닥면적만 60평. 실제 시누크가 28평이니까 그보다도 2배가 넘게 확대 제작했다. 이 기종의 시누크 탑승인원은 완전무장하고 50명 정도.

몇 년째 계속 작업을 해온 그는 최근에서야 시누크 문화공간을 열었다. 그는 현재 시누크의 지상권 의장등록을 신청해놓은 상태.

그 엄청난 일을 하면서 우여곡절도 많았다. 눈이 많이 왔을 때 눈을 치우려고 시누크 꼭대기에 올라갔다가 미끄러져 두 번이나 바닥으로 떨어지는 사고도 발생했다. 다행이 바닥에 눈이 많이 쌓여 큰 부상은 입지 않았다.

그동안 사람들이 끊임없이 몰려들었다. 미 공군 시누크가 실제로 상공을 날다가 이곳을 보고는 엔진고장으로 시누크가 지상에 비상 착륙한 줄 알고 직접 찾아와 눈으로 확인하고 어찌된 일인지 자초지종을 물어보는 해프닝도 종종 일어난다.

그렇게 찾아온 미군들이 또 다른 미국인들을 데리고 오는 식으로 지금까지 400여 명의 미 공군 가족들이 이곳을 다녀갔다.

시누크를 만들면서 마음고생도 컸다. 온천주변에 이런 명물이 생기면 아산 온천 쪽에서도 쌍수를 들고 환영해줄 법한데 실상은 그렇지 않았다. 후원은커녕 툭하면 우르르 떼 지어 볼려와서 당장 작업을 때려치우라는 협박

을 받았다. 단지에서 벗어난 곳에 이런 카페가 생기면 주변에 비슷한 것들
이 또 생긴다는 것이 그 이유였다.

"처음에는 아산온천 측으로부터 땅을 3천~5천 평 줄 테니까 그곳에 문
화공간을 만들어보라는 제안을 받았습니다. 그 제안을 거절하고 계속 강행
하자 그때부터 못 짓게 하더군요. 혼자 만들기도 힘들었는데 집요하게 협
박하는 바람에 정신적인 피해가 컸습니다."

그렇게 힘들게 부딪히면서도 그는 계속 강행했다. 그리고는 마침내 그가
꿈꿔왔던 거대한 시누크를 그 혼자 힘으로 만들어내고야 말았다. 시누크
문화공간은 그렇게 탄생한 명물이다. 시누크 자체가 거대한 건물로 외관은
물론 내부도 실제 시누크 기내와 비슷하다.

시누크 작업에 매달리다 보면 버스가 끊어져서 밤늦게 온양 연습실까지
걸어 다니기 일쑤였다. 버스가 끊기는 줄도 모르고 일하다가 8km나 되는
밤길을 혼자서 수없이 걸어 다녔다. 그때 생각을 많이 했다. 잠을 자면서도
시누크 꿈을 꿨고 그 꿈에서 많은 도움을 얻었다. 생각을 많이 하다 보니
멀리 있어도 가까이 다가와 현실로 이어졌다.

그는 여기서 돈을 벌겠다기보다는 다양한 문화를 즐기는 사람들과 많은
대화를 나누면서 좋은 문화공간시스템을 만들어 나가고 싶을 뿐이라고 분
명히 말한다.

이곳에서 작업 하고 싶은 분은 며칠씩이라도 묵어가면서 하고 싶은 일을
할 수 있도록 진짜 시골집을 몇 채 얻을 셈이다. 시골집같이 편안한 문화공
간이 되기 위해서……

"영화 하는 사람, 그림 그리는 사람, 조각하는 사람, 음악 하는 사람들이 부담 없이 이곳을 왔다 갔다 하면서 작업할 수 있도록 만들고 싶습니다. 문화 전반적인 사람들과 서로 대화도 하고 의기투합도 하면서 새로운 문화시스템을 만들어나가고 싶어요."

후배들과 그림도 하고 음악도 하고 스터디도 하고 같이 작업도 하면서 가능하면 자연스럽게 한 계단 한 계단 밟아 올라가고 싶다는 장정희 씨. 그러다 보면 이런 문화시스템이 자연스럽게 확산될 것이라고 그는 믿는다.

바로 이곳 아산이 고향. 음악에 빠져 서울에서 30대 초까지 음악 활동을 했다. 그룹사운드로 6년 하고 오브리(룸이나 요정에서 독주) 생활을 4년 정도 했다.

처음 그의 포지션은 베이스였지만 오브리 생활을 하면서 기타로 바꾸었다. 그 생활을 4년 하다 보니 이게 아니다 싶었다. 기껏 연습해서 술 취한 사람들 비위나 맞춰주는 것이 싫어서 때려치우고 시골로 내려와 형님 소유의 과수원을 운영하면서 소를 키웠다.

시골에서 농사를 지으면서 곡을 쓰려고 하다 보니 형님과 생각이 너무 달라서 1년 6개월 만에 그만두고 다시 서울로 올라와 라이브 카페를 운영했다. 1989년부터 8년간 카페를 운영하면서 연극, 그림, 음악 하는 사람들을 많이 알게 되었고, 그렇게 만난 사람들이 지금 큰 도움이 되고 있다.

그는 이제 자신의 남은 인생을 시누크 문화공간에 걸고 있다. 시누크를 만들면서 좋은 사람도 많이 만났다. 오는 분마다 자기 집에 초대해서 따뜻한 된장찌개라도 끓여주려는 훈훈한 마음의 정을 보여주었다. 아산의 명물은 그렇게 탄생했다.

한번은 한국 공군 연대장이 온천을 왔다가 이곳에 찾아와 밖에서 30분이나 시누크를 유심히 살펴보더니 안에서 커피 한 잔 할 수 있느냐고 물었다. 그랬더니 그는 바로 자기가 미국에서 CH47 시누크를 최초로 한국으로 몰고 온 주인공이라면서 그래서 이곳에 애착이 많이 간다는 것이었다.

그러면서 그는 필요하면 언제라도 자료를 많이 제공해 주겠다는 말을 남기고 돌아갔다. 그 분이 대대장을 보냈고 그 밑으로 소대장 휘하 소속 공군들을 이곳으로 계속 소개했다. 그런 식으로 소개를 받은 한국 공군들이 이곳을 줄줄이 다녀갔다.

"그 뒤로 연대장님이 신경을 많이 써주셨어요. 부대에서 저를 초대해서 실제로 시누크를 타보고 조종석, 부조종석, 프로펠러, 바퀴 등 전체적인 분야에 대해 상세한 설명을 들은 것이 시누크의 마무리에 대해 많은 도움이 되었어요."

미군들이 사진자료, 특히 비디오 자료 등을 많이 제공해준다. 미 공군으로부터 경제적으로 도와줄 용의가 있다는 제의도 받았지만, 그는 정중하게 사양하고 물질적인 도움 대신 사진자료나 보내달라고 대답했다.

지금도 시간 날 때마다 작곡을 한다는 그는 자신이 너무 힘들고 어렵게 음악을 배웠기에 후배들에게 만큼은 연습을 제대로 할 수 있는 좋은 시스템을 만들어주고 싶다고 말한다. 그중에서 열심히 하는 식구들을 넓게 쓸 수 있는 시스템을 만들어주고 싶다는 것이 그의 바람이다.

이곳을 찾는 미군들은 시누크가 지상에 만들어진 것은 여기서 처음 봤다면서 신기하게 생각하는 것 같았다.

시누크를 만들면서 재정적인 어려움이 많았다. 서울에서 그림 그리고 음악하고 연극하고 영화 쪽에서 일하는 식구들이 십시일반으로 후원해주고 용기를 잃지 말라면서 격려해주고 있다. 그런 후원자들이 200여 명이 된다. 그런 분들이 큰 힘이 되어주고 있다.

막차 타고 서울 가서 후원금 받아가지고 새벽 첫차로 내려와 작업하기를 1년간 반복했다. 여유가 있는 사람들이 아니라 아주 어려운 식구들이 조금씩 작은 주머니 털어서 도와주었다. 그래서 더욱 소중하다.

기업하시는 분은 대량 생산해보자고 돈으로 제의를 하지만 그런 것은 별로 마음이 와 닿지 않아서 거절해 왔다.

시누크의 조종실은 음악 공간이자 영화 공간. 앞으로는 영화제도 모여서 해보고 싶다. 자신보다는 영화인들이 더 그쪽으로 해보자고 권한다.

시누크 1층의 메인 조종석은 음악시스템을 갖추어 놓았고, 조종석 2층은 그룹사운드 공연도 할 수 있는 무대와 시설을 갖추고 있다.

주차장 빼고 전체 면적이 약 1,300평 정도. 그는 시누크 실내뿐만 아니라 밖에도 오디오 시설을 갖추고 야외무대도 50여 평 꾸밀 생각이다.

밖에서 이색공연을 할 수 있게 실제로 프로펠러가 돌아가고 시동소리가 멈추면서 공연이 시작되는 그런 이벤트가 가능한 살아있는 문화예술 공간으로 꾸며나가고 있다.

시누크는 물론이고 내부시설, 심지어 의자 테이블까지 모두 그가 직접 만들었다. 필요한 자재는 하나하나 전문가와 상의해서 전국을 돌아다니면서 구입해왔고, 그런 식으로 지금도 계속 만들어나가고 있다.

창문은 물론이고 트랩도 타고 내릴 때 사용할 수 있도록 실제 시누크 트랩과 똑같이 꾸며져 있고 프로펠러도 바람에 진짜로 돌아가고 있다.

어릴 때부터 손으로 만들기를 좋아했다는 그는 모방보다는 어떤 분야건 없는 것을 만들어나가는 그 자체가 예술인 것 같다면서 환하게 웃는다.

목사님들도 이곳을 자주 드나든다. 지금까지 200명이 넘는 목사가 이곳을 다녀갔다. 앞으로 그는 교회 성가대 음악 레슨을 지도해 줄 것이다.

그의 주선으로 서울의대에서 지역 어르신을 위한 의료봉사활동도 1년에 한두 번씩 해주고 있다. 서울에서 10년 이상 알고 지내온 의료봉사팀으로 그와 상의해서 필요한 지역에 봉사활동을 해오고 있다. 지난 7월에도 60여 명이 이곳에 내려와 1주일간 지역의료봉사활동을 하고 갔다.

앞으로는 이곳 시누크를 본거지로 봉사활동 영역을 더욱 확대할 것이다. 봉사활동이 끝나면 뒤풀이로 이곳 팀이 음악공연도 하고 같이 섞어서 봉사활동을 벌여나갈 것이다. 음악, 그림, 연극 등이 함께 어우러져 이쪽에서 해봐가지고 시스템이 좋으면 계속 늘여나갈 것이다.

"목사님들, 동네 어르신들, 의료봉사팀들 모두 뭉쳐서 해나가는 그런 시스템으로 가고 싶습니다. 조각하는 분들은 봉사활동 때 작품도 남겨주고, 음악 하는 분은 뒤풀이 공연도 해주고, 의료봉사팀은 의료봉사하고, 그런 식으로 움직이고 싶습니다."

그런 식으로 그는 외국에서도 안하는 우리 고유의 새로운 시스템을 만들어나가려고 노력하고 있다.

"나 하나 잘사는 것보다는 더불어 사는 행복이 훨씬 더 크다는 것을 이곳에서 지내면서 실감합니다."

무슨 일이던지 유심히 관찰을 하고 한번 결정을 내리면 흔들리지 않고 땀 흘리며 열심히 하는 성격.

하늘은 나는 시누크를 보고 그것을 만들겠다는 그 꿈은 누가 보더라도 무모하고 부질없어 보였다. 그러나 그는 그것을 꿈이 아닌 현실로 이루어 놓았다. 그가 아니면 누가 감히 생각이나 했겠는가.

꿈을 꾸면서 노력하고 그 꿈이 하나하나 현실로 바뀌는 자체가 아름답다. 때로는 엉뚱한 생각이 세상을 바꿀 수도 있다는 것을 그는 보여주었다.

〈취재 그 후〉

취재한 지 2년이 지난 2005년 02월 01일 현재 장정희 씨의 꿈과 인생이 녹아있는 아산 시누크 현장은 피플코리아에 기사가 나간 이후 너무 많이 상황이 달려졌다.

시누크 수송기를 꼭 빼닮은 건물을 보고 찾아온 미 공군을 비롯한 미군과 군속, 가족들이 1천여 명에 이르고 보잉사 아시아지역 담당이사장 티모시 니콜스도 이곳을 다녀갔다.

그런가 하면 미군들이 제공한 시누크 관련 각종 자료들과 사진만도 5천여 장으로 건물 내부 사방 벽에 빽빽하게 진열되어 있어 마치 시누크 세계 사진전을 여는 듯한 착각이 들 정도였다.

시누크의 명성만큼이나 주인공인 장정희 씨 또한 갈수록 유명세를 타고 있다. 현재 그는 미 공군 사령관이 주고 간 기념 훈장 겸 미 공군 부대 출입증을 내보이며 이것만 보여주면 언제라도 미 공군 부대를 무상출입할 수 있다고 설명했다.

그동안 서울의대팀 주축으로 봉사활동도 해마다 해오고 있다. 그리고 국군의 날 에어쇼의 주인공들로 국내 최고의 탑건인 대한민국 공군 특수비행팀 블랙이글팀도 방문하여 국내 제 1호 탑건 조종사복을 기념으로 주고 가기도 했다.

블랙이글스팀을 비롯한 미 공군들은 시간되는 대로 돌아가면서 한두 명씩 이곳을 일부러 찾아오고 비행 중에도 시누크 건물 상공을 지날 때는 고도를 자상 위로 바짝 낮춰서 비행하는 호의를 보이고 또한 시누크에서 행사가 있을 때마다 항상 연락하면 최대한 협조를 해주겠다는 약속도 받아냈다고 한다.

이색 트렌드 –
살찌모 운영자 남호택

나라가 온통 살 빼고 싶은 사람들의 다이어트 열풍으로 난리법석을 떨어대는 마당에 거꾸로 살찌고 싶은 사람들의 모임이 있어 화제가 되고 있다. 줄여서 살찌모라고 부르는 이 모임의 운영자는 남호택(28).

그의 첫 모습은 용수철같이 탄력 있는 스포츠맨이다. 186cm, 78kg. 키와 몸이 받쳐주는 데다 얼굴까지 받쳐주니 참으로 복도 많은 남자라는 생각이 든다. 농구선수 못지않은 멋진 외모이다. 그러나 그가 원래부터 지금의 모습을 갖춘 것은 아니었다. 불과 1년 전만 해도 그는 몸무게가 60~62kg밖에 안 나가는 말라깽이였다.

버스를 타도 남들 머리 위로 얼굴이 삐죽 솟아오를 정도로 큰 키에 60kg이라면 얼마나 말랐는지 상상이 갈 것이다. 그때 별명은 와리바시(나무젓가락). 심지어 어떤 친구들은 그를 앙상하게 말랐다며 해골이라고 부르기까지 했다. 그가 가장 듣기 싫어하는 별명이었다.

그러던 그가 어떻게 지금처럼 멋진 몸매로 화려한 변신을 하게 되었을까 그것이 궁금해서 물어보지 않을 수 없었다.

말랐던 것에 대한 콤플렉스를 가지고 있던 그는 자나 깨나 건강하게 살찌는 것이 소원이었다. 드라마나 영화를 봤을 때 멋진 근육질 남자배우를 보면 부러워서 무작정 헬스클럽에 가입하게 되었다.

처음 운동할 때는 단지 운동만 생각을 했다. 아무 계획 없이 살만 찌고 싶다는 생각이 앞서 무대포로 운동에만 매달리다가 운동하는 방법자체가 틀린 것을 알았을 때는 바로잡기가 너무 힘들었다.

하지만 그런 시행착오가 시간낭비만은 아니라는 것을 알았다. 바로 그런 시행착오를 통해서 나름대로 살찌는 노하우를 터득해나갔기 때문이다.

그런 식으로 건강하게 살찌는 방법을 하나하나 알아나가면서 생활 패턴도 건강하게 변했으니 이를테면 살찌는 것의 생활화가 자연스럽게 이루어진 셈이다.

그러다보니 처음에는 건너뛰던 아침식사를 꼭 꼭 챙겨먹게 되었고 살찌는 재미에 운동도 체계적으로 더욱 열심히 해나갔다.

2000년 11월부터 운동에 매달리기 시작하여 꼭 1년 만에 18kg을 늘렸다. 평소엔 아무 생각 없이 음식을 먹기만 하다가 운동과 영양학에 관심을 갖게 되면서 조금씩 몸에 좋은 음식을 섭취하는 재미도 만끽했다.

작년 7월 살찌모 동호회를 개설한 그는 4개월이 지난 11월부터 본격적인 증량 다이어트에 돌입하였다.

방법은 알고 있지만 방법에 대해서 내 스스로 시행을 하지 못할 바에는 동호회 운영자로서 자격이 없다는 생각으로 더욱 더 열심히 균형 잡힌 살찌기에 매달리게 되었다.

그는 처음부터 동호회 사이트를 만들려고 했던 것은 아니었다. 그러던 어느 날 살찌기 관련 자료를 찾으려고 우연히 인터넷에 들어갔으나 거의 없었고 반대로 비만 다이어트 자료는 철철 흘러 넘쳤다. 그래서 증량 다이어트 자료에 대한 정보를 한 번에 찾아볼 수 있는 사이트를 만들어야 되겠다는 생각을 했다.

기왕이면 천편일률적인 방법이 아니라 운동과 영향에 관한 정보들을 공유하겠다는 취지로 포털 사이트 '다음' 에 동호회를 개설하게 되었다.

처음에는 자료를 수집하는 데 어려움이 많았다. 그러나 시간이 지날수록 증량 다이어트에 관심을 갖는 회원들이 점차 불어나기 시작했고 그러면서 관련 자료로 시행도 해보고 자료에 대해서 회원들과 공유도 했다.

작년 7월에 결성한 살찌모는 살찌고 싶은 사람들의 폭발적인 호응 속에 사이트를 개설한 지 1년이 지난 지금은 회원숫자가 무려 8천 명을 돌파하였다. 우리나라에 살찌고 싶어하는 사람들이 이렇게 많을 줄은 그는 정말 몰랐다.

그의 말에 의하면 누구라도 노력만 하면 이 세상에 살찌지 않을 사람은 아무도 없다고 한다. 그 자신이 직접 경험했기 때문에 아무리 바짝 마른 사람이라도 확실하게 살찔 수 있다고 장담한다. 그러나 노력 없이는 절대로 되지 않는다.

처음에 증량다이어트를 시작하는 사람들이 유의해야 할 점으로 계획성 없는 운동(웨이트트레이닝)은 절대 금물이다.

그리고 음식에 대한 욕심을 버려야 한다. 살찌고 싶다는 이유 하나만으로 무조건 많이 먹고 보자는 것은 위험천만할 뿐만 아니라 모든 음식이 다 좋다고 과신하는 것 또한 잘못된 생각이다.

"전에 제 식습관은 배고플 때 많이 먹는 것이었어요. 그런데 그것이 바보스러운 짓이라는 것을 한참 지나서야 알았습니다. 살찌기는 고사하고 그것은 오히려 몸을 망치는 지름길이었어요."

처음 증량 다이어트를 시작하는 사람들을 위해 그는 기초적인 운동자료와 음식 그리고 영양에 관한 자료들을 살찌모 카페에 다양하게 올려놓았다.

그는 옛날에 조금이라도 살찌고 싶어서 일부러 헐렁하게 입었던 옷을 지금도 가끔씩 꺼내 입어본다. 옷을 입어볼 때마다 깜짝 깜짝 놀란다. 이렇게 작은 옷이 어떻게 몸에 맞았는지 신기할 뿐이다. 그럴 때마다 그는 기분이 좋다. 그때는 오히려 헐렁하게 컸던 옷이 지금은 이렇게 몸에 끼도록 작아진 것은 그만큼 건강하고 균형 잡힌 살찌기(증량 다이어트)에 성공했다는 반증이기 때문이다.

살찌모 동호회 사이트를 운영하면서 그는 보람과 자부심을 느낀다. 회원들로부터 운영자인 그의 자문을 받고 살찌는데 성공했다며 고맙다고 보내오는 메일을 받을 때 가장 기분이 좋다.

회원들이 8천명도 넘으니 정기모임을 한번 갖으려 해도 만만치가 않다. 지난 9월에는 서울 지역 회원들의 정기모임이 있었다. 서울 지역 살찌모 회원들의 모임은 주로 삼겹살집에서 먹는 것으로 시작하여 먹는 것으로 끝이 난다.

살찌기에 성공한 회원들이 자리를 함께 하면 시간가는 줄 모른다. 회원들이 만나다 보면 가입한지 몇 달 만에 10kg 이상이나 몸을 불렸다고 자랑하는 무용담들이 끊이질 않는다.

이렇게 건강하게 살찌는 방법이 있는 것을 왜 예전엔 몰랐는지 고개를 갸우뚱 거리며 이야기보따리를 털어놓는 회원들을 볼 때마다 그는 살찌모 동호회 사이트를 만들기를 백번 잘했다고 생각한다.

살찌모 사이트를 운영하면서 느낀 점도 많다. 비쩍 마른 사람들을 보면 대체로 의기소침하고 자신감을 잃는다. 그런데 증량 다이어트를 시작하면서 그를 포함한 많은 사람들이 가장 먼저 느끼는 것은 자신감을 갖게 된다는 사실이다.

그 역시 말랐다는 소리를 듣기 싫어서 한때 대인기피증까지 걸릴 정도였다. 그러나 지금은 완전히 딴사람이 되었다. 당당하고 자신감 넘치고 언제 어디서나 누구 앞에서나 할 말 다하는 그런 사람으로 변했다.

증량 다이어트 프로그램에 맞춰서 운동을 하여 성공을 한 사람들도 갑작스럽게 운동을 중단하거나 예전의 생활방식으로 돌아가면 지금까지 열심히 노력해서 이룬 증량도 원위치로 돌아가기 쉽다.

그런 사람들을 보면 안타깝기 짝이 없다는 그는 비록 살이 쪘다 하더라도 운동을 꾸준히 하고 식생활은 조금씩 변화를 주어 유지시켜 주는 것이 중요하다고 강조한다. 물론 이런 자료들은 그가 운영하는 살찌모 카페에 들어가면 다 접할 수 있다.

건강하게 살찌기를 지향하는 살찌모 운영자로써 하루라도 밥을 먹지 않으면 살수 없듯이 하루라도 운동을 하지 않으면 온몸이 근질거려 못 견딘다는 그는 이제 무작정 증량보다는 지금보다 더 체계적인 증량 프로그램을 다루고 싶어한다.

그는 사진이 없다. 1년 전까지만 해도 거의 사진을 찍지 않았다. 이유는 말랐기 때문에. 가지고 있는 사진은 달랑 중학교 졸업사진뿐이다. 얼마나 말랐다는 스트레스를 받았으면 그토록 사진 찍는 것을 싫어했을까.

그러나 지금은 어느 누가 보더라도 멋진 남자, 멋진 총각 남호택으로 멋지고 화려한 변신을 했다. 그래서 요즘은 언제 어디를 가더라도 때와 장소를 가리지 않고 사진발을 가장 잘 받는 미남대접을 받는다.

아직도 우리 주변에는 마른 사람들이 많이 있다고 생각하기 때문에 그는 조만간 '다음' 에서뿐만 아니라 자체적인 홈페이지도 준비 중이다.

그는 말한다. "누구라도 운동 열심히 하고 식생활 규칙적으로 하면 저처럼 건강하게 살찔 수 있어요. 그러니 비쩍 말라서 고민하시는 분은 제게 연락 주세요. 확실하게 살찌도록 도와 드리겠습니다".

본받고 싶은 사람 –
미래형 남자 조영관

청소년경제교육전문가, 경영학 박사, 시인, 자원봉사 리더. 신한카드 부부장으로 근무하는 조영관 씨의 이름 앞에 붙는 수식어를 일일이 열거하자면 열 손가락으로도 모자란다.

한 마디로 압축하면 미래형 인간이다. 과거에서 배우고 현재에서 노력하는 미래가 밝은 남자 조영관 박사를 만나 보았다.

초등학교 시절 존경하는 담임선생님의 좋은 모습을 닮고 싶은 마음에 장래 꿈이 선생님이었다. 세월이 흘러 다른 업종에 근무하고 있으나 그 꿈을 이루기 위한 DNA는 끊임없이 요동치고 있다.

명절 때 가족들이 모이면 어린 조카들을 모아 놓고 퀴즈를 내며 가르쳐 주는 선생 역할을 해오곤 했다. 교회에서는 10년 넘게 청소년 교사로 활동하고 있다.

지금은 학교나 도서관에서 청소년 경제교육 전문가로, 때로는 성인들을 대상으로 강의를 하고 있다.

평범한 시골소년이 산꼭대기 나무에 걸터앉아 서울로 가는 고속도로를 내려다보면서 가슴에 품었던 미래의 꿈으로 한걸음씩 나아갈 수 있는 현실에 감사할 뿐이다.

시골에서 서울로 올라와 재수를 하는 동안 잠시 신문배달을 하였다. 추운 겨울에 얼굴도 모르는 나를 위해 장갑을 준비해준 이름 모를 구독자의 따뜻한 마음이 나눔을 배우게 했다. 그것이 밀알이 되어 기쁜 마음으로 내가 가진 재능을 필요한 곳에 가르치고, 나누는 인생을 살아가고 있다.

그의 청소년 경제 강의는 유익하면서도 재밌다. 처음 강의 시작 단계부터 마음의 문을 열어 학생들을 지루하지 않도록 유도하고 중간 중간 마술과 퀴즈를 통하여 집중력을 배가한다.

"경제는 선택의 학문이죠. 올바른 판단과 합리적 선택을 위하여 경제는 배워야 합니다. 합리적 선택과 재테크를 통하여 부자가 될 수 있는 기회를 얻게 됩니다. 경제이론의 핵심은 세상에 공짜가 없다는 사실입니다."

강의를 쉽고 재미있게 전달하기 위해서 그는 다양한 소재를 활용한다. 동화, 게임, 노래, 시, 광고, 마술, 통계자료, 대중매체 등을 융합하여 활용하는 이유도 강의가 더욱 풍성하고 교육효과가 높기 때문이다.

희소성 있는 상품은 어디든지 환영을 받듯이, 희소성 있는 기술이나 재능을 가진 사람도 대접을 받는다. 미래를 예측하여 항상 변화하는 시대에 맞춰 희소한 기술을 익히고 습득하면 어느새 희소성 있는 전문가로 우뚝 서 있는 자신을 발견할 것이다.

"과거에서 배우고 현재에서 노력하는 미래가 밝은 남자로 살아갈 다른 사람들에게 가슴 뛰게 해주는 삶이 되고 싶습니다."

경제학자, 충실한 직장인, 왕성한 저술활동, 인터뷰 기자, 방송활동, 시인. 직장생활과 병행하면서 어떻게 이러한 1인 다역이 가능할까?

"금융회사에서 신용의 중요성을 심어주기 위해서 교육을 시키고, 책을 쓰고, 기고를 합니다. 여러 가지 일을 동시에 하려면 그만큼 시간을 투자해야죠. 다만 효율적으로 하고 시너지가 높은 것을 중심으로 연계합니다."

그것을 효과적으로 하기 위해서 그는 마술, 스피치, 유머, 퀴즈, 시(詩)쓰기에 관심을 갖고 연마한다.

그는 책을 써서 나오는 인세는 몽땅 나눔으로 기부한다. 그러다 보니 자연스럽게 봉사에 눈을 떠서 자원봉사 단체에 가입하여 활동하고 있다.

글로벌시장에 발을 딛기 위해서 어학에 관심을 갖게 되었고, 외국인을 만날 기회를 잡았다.

"도전이라는 단어를 좋아하여 기록도전자들을 취재하여 기사화하고 있습니다. 이런 일들은 취미활동이면서도 매너리즘에 빠지지 않게 하는 청량제 역할을 합니다."

전문성을 키우기 위한 노력을 아침 시간과 주말을 이용하여 틈틈이 하다 보니 습관으로 자리잡아가고 있다는 조 영관 박사.

"현재 신한금융그룹의 신한카드 지점에서 영업 지원업무를 맡고 있습니다. 외부에서 배운 경험과 특기를 회사 내에서 적용하려고 노력하고 있습니다."

부자(富者)의 씨앗을 뿌리는 청소년 경제교육 전문가로 활동하게 된 배경을 묻지 않을 수 없었다.

"2003년 신용카드사태 여파로 지난 몇 년 동안 신용불량자가 속출하고 경제교육의 중요성에 대한 관심이 커지면서 금융기관에 적을 둔 제가 카드

사태의 중심에 있었지요."

그게 이유였다. 경제교육은 가난의 대물림을 끊을 수 있는 수단으로 빠를수록 좋다. 부모로부터 많은 재산을 상속받은 사람이 얼마 못가서 모두 탕진하는 예를 주변에서 수없이 보아왔다. 어렸을 때의 습성과 단절이 되지 않았기 때문에 생기는 현상이다.

어려서부터 절약을 모르는 사람은 어른이 되면 '깨어진 독에 물 붓기' 현상이 나타난다. 수입은 줄었거나 없는데도 지출은 줄어들지 않는다.

청소년들부터 중요성을 시켜주면 나아지겠다 싶어 청소년들 신용교육을 시키기 시작했다. 2003년 자원봉사로 사립초등학교 3학년 학생들과의 만남이 나를 크게 변화시킨 기회였다.

처음으로 경제교육 강의를 하던 그날 어린 학생들의 예쁜 교복과 반짝이는 눈망울을 아직도 잊지 못한다.

스펀지 같은 순수한 마음으로 새로운 지식을 받아들이는 아이들을 보면서 뿌듯한 기대감에 가슴이 벅차올랐다. 어린이들에게 부자(富者)의 씨앗을 뿌리는 경제교육 전문가가 탄생되는 순간이었다.

"처음 교육을 시킬 때 초롱초롱한 눈빛을 보면서 미래를 발견했죠. 그래서 책을 쓰기 시작했습니다. 가장 좋은 책을 쓰기 위해서 각 분야별 전문가 52명을 모집하여 공동저자로 썼어요. 그 책이 바로 씽씽한 부자아이를 뜻하는 '씽아의 생생탐험' 입니다."

그는 한국기록원 이사 직함도 가지고 있다. 그럴만한 계기가 있다. 2000년 초반 무렵 '씽아의 생생체험'을 집필하면서 각 분야의 전문가를 발굴하다 보니까 우리나라 최고의 전문가들을 발굴하고 싶었다. 당시 한국기네스협회가 와해된 상태였다.

그래서 뜻있는 사람들과 함께 영국에 본사가 있는 세계기네스협회의 지부형식으로 국내에서 최고도전을 발굴하려는 인터넷카페를 만들어 운영지기로 활동하였다.

그 카페가 활성화되고 성장하여 현재 한국기록원의 모태가 되었다. 그가 현재 기록원 이사로 활동하고 있다. 거기에서 많은 불굴의 의지의 한국인들을 만나는 계기가 되었다. 그가 그런 인물들을 발굴 소개하는 과정에서 인터뷰 기사를 쓰게 되었다.

"국내외를 누비고 다니면서 역경을 이겨낸 한국인들을 발굴해서 소개하는 인터뷰와 글쓰기를 통해 희망을 만드는 일을 하고 싶습니다."

외국 대사관 및 미군부대 출입증을 발급해주는 남자. 아무리 도전을 좋아하는 남자라지만 이건 또 뭔가. 인터뷰를 할수록 그에 대한 궁금증은 계속 커져만 갔다.

"한국에 정착하고 한국의 문화를 알고 싶어 하는 외국인들이 많은데도 불구하고 여건이 부족하잖아요. 그래서 미군부대에서 근무했던 분을 도와서 한외국인친선문화협회를 문광부 산하 사단법인으로 설립하였습니다."

외국 대사관들과 미군들에 대한 친선문화를 홍보하고 그로 인해서 한미연합사령관이 수여하는 상(賞)을 그가 이사로 활동하는 협회에서 받았다. 그것이 인연이 되어 미군부대 출입증을 발급해주는 기관이 되었다. 그래서 그는 무료로 미군부대 출입증을 갖게 되었다.

가끔은 가족들과 함께 용산 미군부대에 가서 한국 속의 미국을 생생하게 경험하고 있다. 그의 두 자녀가 영어를 잘하는 이유를 알 수 있다.

부인과의 사이에 두 딸을 둔 자칭 딸기 아빠. 그는 6·25전쟁 진실 알리기 가족 홍보대사로서 세계여행을 다니며 감사 공연을 하고 싶어한다.

"우리가족은 음악적 재능이 있어서 아내는 기타를 잘 치고, 큰딸은 피아노와 바이올린이 수준급이고, 둘째 딸은 플룻을 잘 다룹니다."

그래서 종종 모임에서 가족공연을 했다. 그런 재질이 있다 보니 좋은 기회가 와서 6·25전쟁 알리기운동본부 가족홍보대사로 활동하게 되었다.

6·25전쟁에 참가한 67개국에 대한 감사의 공연을 현지에 가서 할 계획으로 67개국 여행비를 지금부터 모으고 있다. 비용도 자체적으로 가려고 모으고 있다. 여행비를 모아서 국내 좋은 선행단체에 전액기부하고 빈 몸으로 떠날 계획도 갖고 있다.

그는 시인으로도 실력을 인정받고 있다. 시집도 냈다. 내용이 긍정적이고 따뜻하여 우리의 일상과 친숙한 느낌이다. 생활 속에서 건져 올린 시라고나 할까.

"몇 년 전에 등산하면서 시골 정서가 다시 부활된 것처럼 자연을 보면서 시를 쓰고 싶었습니다. 그때부터 사진을 찍으면서 200여 편의 시를 써나갔지요."

2008년 우연한 기회에 공모하여 시 부문 신인상을 받으면서 시인으로 등단하였다. 지금은 유명 인터넷신문 심사위원으로 활동하고 있다.

그는 행복한 가정을 유지할 수 있고 출근해서 일할 수 있는 직장이 있어서 행복하다. 그의 오늘이 있기까지는 현재 그가 근무하는 직장이 받쳐주고 있기 때문이다. 그가 그 많은 활동을 왕성하게 할 수 있는 근본 뿌리는 바로 현재의 직장이다.

하얀 파도가 용두암에
부딪혀 일렁일 때마다
우리의 가슴 속에 간직된 꿈은
용솟음쳐 올라간다

천 년의 파도에도
부서지지 않는
반들반들 검은 바위에
몸을 얹고 희망을 낚아본다

어제의 파도가
오늘의 파도가 아니듯
오늘 우리는 잠깐 머물겠지만
용두암은 기억할 것이다

검푸른 어둠과 거센 파도를 헤치고
천 백 리를 뱃길로 달려온

신한카드 가족들의 도전정신과 열정을

꽁꽁 닫아보아도 숨기지 못하리라.

〈힘찬 출발 신한카드 / 조영관 작시〉

조영관 시인이 신한카드 영업소장으로 근무할 때 영업소 산하 카드설계
사 30명을 인솔하여 제주도에 다녀온 적이 있다. '힘찬 출발 신한카드' 는
그때의 감회를 묘사한 시(詩)이다.

"도전해서 영업소 목표를 초과 달성한 사람들을 인솔했다는 데에 저로
서는 작은 성공이자 보람이었습니다."

자신이 몸을 담고 있는 신한카드에 대한 무한한 애정과 자부심이 작품
속에 묻어 있다.

그는 자원봉사에도 적극적이다. 회사에서도 자원봉사리더로 활동하고
있다. 가능하면 주말을 이용하여 대외활동이나 자원봉사를 하고 있다.

그는 최근 또 하나의 도전에 나섰다. 오래전부터 꿈꿔왔던 '도전 한국인
상' 제정 추진이 바로 그것이다.

대한민국 최고의 권위 있는 도전 한국인상(賞) 제정을 추진하고 인터뷰
를 통한 불굴의 한국인을 재발견하는 도전 한국인 운동본부 출범 준비 모
임을 지난 6월 18일(토) 가졌다.

다양한 직업을 가진 20여 명이 참석한 이날 모임에서 그는 권위와 명망
이 있는 분을 총재로 추대하여 도전 한국인 운동본부의 투명성을 유지하고

운영의 묘를 잘 살려나간다면 인터뷰를 통한 불굴의 한국인을 재발견하는 계기가 될 것이라고 말했다.

조영관 박사는 또한 역경을 이겨낸 한국인들을 홍보하여 자긍심을 갖도록 할 것이며 도전하는 한국인을 발굴하고 세계 속의 도전자들을 발굴하여 한국에서 시상함과 동시에 세계최고의 권위 있는 상을 만들어가겠다고 청사진을 밝혔다.

그는 세상의 관심에 묻혀버릴 수 있는 소중한 인물들을 발굴하고 홍보하고 시상하여 후세 사람들에게 좋은 영향을 주고자 한다면서 빠른 시일 내 준비위를 구성하고 홍보 채널을 수립하여 빠르면 1년 이내에 도전 한국인 운동본부를 사단법인으로 정착시킬 계획이라고 덧붙였다.

그는 또한 풍부한 경제 지식을 바탕으로 경제 관련서적을 쉽게 풀어쓰는 저자로도 많이 알려져 있다. 그의 저서 《생생 라이브 경제학》에서는 경제학이 어렵다고만 느꼈던 이들에게 생활 속에서 운영되고 있는 경제학의 원리를 알기 쉽게 설명했다.

과거에서 배우고 현재에서 노력하는 미래가 밝은 남자. 미래형 인간 조영관은 그렇게 하루하루를 바쁘게 살아가고 있다. 그의 삶은 어느 한구석을 떼어내도 낭비가 없다.

본받고 싶은 CEO –
안토니 제화 김원길

고객의 사랑을 듬뿍 받고 사회로부터 존경받으며 직원들이 만족하는 행복지수 1등 기업. 구두 회사 안토니㈜ 김원길(50) 대표는 안토니 바이네르 명품 브랜드로 발이 편한 컴포트슈즈(Comfort Shoes) 업계에서 단연 두각을 나타내고 있다.

학벌지상주의 사회에서 최종학력 중졸의 그가 어떻게 그토록 눈부신 성공 신화를 일궜을까?

장대비가 쏟아지는 날 오전 경기도 일산 설문동 안토니 회사로 차를 몰아 김원길 대표를 만나러 갔다. 자리에 앉자마자 방금 전화를 받았다면서 기쁜 소식부터 전했다.

"제가 최근 쓴 성공지침서《멋진 인생을 원하면 불타는 구두를 신어라》가 기업은행 사이버연수원에서 연수교재로 채택됐다고 연락이 왔어요. 1년에 딱 2권이 교재로 채택되는데 그중에 내 책이 뽑혔다고 하네요. 너무 기분이 좋습니다."

그의 삶을 들여다보면 통속의 굴레를 벗어나 한 번뿐인 인생 멋지게 살면서 진정한 성공이 무엇이고 공부는 왜 필요한지 명쾌한 해법을 제시해준다.

1961년 고향 충남 당진에서 중학교를 졸업하고 17세 때 서산의 작은아버지 제화점에서 구두 만드는 일을 처음 시작하였다.

18세에 가방 하나 달랑 메고 상경하여 영등포의 작은 구두 가게에 취직한 그는 세계 최고가 되겠다는 열망으로 꾸준히 기술을 연마했다. 1984년 전국기능경기대회에서 제화부분 동메달을 딴 이후 구두 기술자로 전성기를 달렸다.

관리와 영업 업무까지 구두회사 경영의 모든 프로세스를 습득하고 1990년에 독립한 그는 한때 부도 위기를 맞기도 한다. 하지만 '세상에서 가장 편안한 구두' 개발에 전력을 기울여 9년째 흑자경영을 이어오고 있다.

현재 직원 200명에 연매출 400억 이상의 중견기업으로 콤포트슈즈 업계 1위를 달리고 있다. 과거에는 이탈리아 브랜드와 기술을 수입했지만, 이제는 자체기술로 만든 신발을 명품 구두의 본고장이라고 할 수 있는 이탈리아에 역수출하고 있다.

그의 꿈은 이제 시작이다. 15년 안에 세계최고 명품 브랜드로 키우겠다는 야심에 불타있다.

그는 '매출 1위' 성과보다 '행복한 회사 만들기'와 '이웃 사랑'을 몸소 실천하는 CEO로 더 유명하다.

직원들에게 업계 최고의 연봉과 상여금을 지급하고, 상상하기 힘든 취미활동 지원에 미국 라스베이거스, 이탈리아 밀라노 등 세계 구두 도시 연수 기회도 매년 만들어주고 있다.

사회 공헌 활동은 더 많다. 안토니 장학회를 만들어 어려운 학생들에게 장학금을 지급하고 4명의 골프 꿈나무에 연간 2억 원 이상을 지원하며 매년 5월이면 독거노인을 초대해 효도잔치를 열기도 했다.

17세 때 구두를 만들기 시작하여 35년째 한 우물을 파고 있는 그의 각오와 신념이 그가 건네준 명함의 뒷면에 새겨져 있다.

물방울이 바위를 뚫을 수 있음은 그 힘이 아니라 꾸준함이다. 승자는 열심히 일하고, 열심히 놀고, 열심히 쉬지만, 패자는 허겁지겁 일하고, 빈둥빈둥 놀고, 흐지부지 쉰다.

"지금도 아침에 출근하면 공장부터 돌아요. 신발 품질 점검하고 모든 공정 제대로 돌아가는지 생산라인 둘러보고 옵니다. 구두 제품만 봐도 만든 사람의 심리 상태를 알 수 있어요."

안토니는 놀기도 잘하고 일도 잘하는 회사로 정평이 났다. 그 역시 스키, 스노보드, 물놀이, 수상스키, 골프를 즐기고 요리를 좋아한다.

김원길 사장은 멀리 길게 내다보고 풍성한 결실을 기대하면서 끊임없이 꿈의 씨앗을 뿌리고 있다.

그는 가장 빨리 이루어질 꿈으로 자신이 키우고 있는 4명의 골프 꿈나무 중에서 조만간 세계챔피언 탄생을 기대하고 있다. 또한 6명의 대학생 비즈니스 꿈나무 지원에도 적극적이다.

그의 마지막 꿈은 따로 있다. 그 꿈은 다름 아닌 노벨평화상이다. 수상까지는 아니더라도 김원길 사장은 노벨평화상을 받을 만한 사람이라는 소리를 들으며 살고 싶다는 속내를 밝힌다. 최대한 큰 꿈을 꾸어라. 그가 세상에 가장 남기고 싶은 말이다.

"세상에 많은걸 얻기 위해서는 돈이 들지만 내가 꾸는 꿈은 아무리 커도

돈이 안 들어요. 좋은 꿈 많이 가지고 있고 꿈이 크면 클수록 부자가 아닌 가 생각합니다. 꿈이 있으면 열심히 살게 되잖아요."

그의 입에서 흘러나오는 말 한마디 한마디가 금쪽같은 어록으로 가슴에 박힌다. 세상을 감동시키고 깜짝 놀라게 할 만한 꿈을 꾸어라. 꿈을 현실로 만들어라. 다시 더 큰 꿈을 꿔라. 그리고 그 꿈을 위해 끝까지 열심히 최선을 다해라. 믿을 건 실천뿐이다. 불타는 열정, 열망, 열심이 담긴 걸음들이 모여 꿈을 이룬다.

김 사장은 노는 시간을 아까워하지 않는다. 이를 증명하듯 안토니 회사에는 시가 1억이 넘는 벤츠 스포츠카가 있다. 직원 전용이다. 좋은 차로 드라이브하고 싶을 때 그냥 타면 된다.

청평과 한강에 모터보트도 있다. 수상스키를 하고 싶을 때 청평이나 한강을 가면 된다. 역시 직원 전용이다. 봄과 가을에는 회사 승마장에서 말을 탄다. 겨울에는 김 사장이 직접 직원들에게 보드와 스키를 가르쳐준다.

이토록 다양한 취미생활을 즐기는 샐러리맨을 본 적 있는가? 놀 때 신나게 잘 노는 사람이 일도 잘한다는 사장의 믿음이 있기에 가능한 일이다.

3년 전 갤럽을 통해 안토니 직원 만족도 조사를 한 적이 있다. 조사 결과 놀라운 일이 벌어졌다. 국내에서 연봉이 가장 높다는 신한지주보다도 안토니 직원 만족도가 더 높게 나왔다.

하고 싶은 게 있으면 이야기하라. 사장이 다 해주겠다. 회식자리에서 김원길 대표가 직원들에게 가장 많이 하는 말이다. 그는 아무리 편한 자리에서 한 말이라도 직원들과 한 약속은 칼같이 지키는 계산된 사장이다. 직원들이 원하는 걸 해주고 싶어서 하는 말이다.

한 직원이 해외 연수 가고 싶다고 말했다. 그 이후로 우수 직원들을 대상으로 매년 미국 연수를 진행한다.

어떤 직원은 다자녀 가정의 지원을 건의했다. 현재 안토니는 셋째를 낳은 가정에게 1,000만원을 지원한다. 또 다른 직원은 기타를 배우고 싶다고 했다. 기타 한 대씩 사줬고 강사도 초빙해줬다.

행복지수 1위 기업. 그가 생각하는 성공은 매출 1위 연봉 1위가 아니다. 고객에게 사랑받고 사회로부터 존경받으며 사장을 포함해서 직원 모두가 행복한 기업을 만드는 일을 성공이라고 생각한다.

그는 일 못하는 직원 나무라지 않는다. 대신 행복하지 못한 직원은 많이 혼난다. 그가 직원 행복에 심혈을 기울이는 이유가 있다. 직원들이 회사에 오래 다니길 바라는 마음 때문이다. 이런 노력 덕분에 안토니는 직원 이직률이 매우 낮다. 한번 들어오면 나가질 않는다.

"1998년에 입사해서 13년 동안 일했습니다. 일하면서 즐거웠고 미래를 꿈꾸는 회사가 좋았기 때문입니다. 회사에 출근하면 힘내자는 생각만 드니 우리 회사의 매력에 빠져 있나 봅니다." 권구봉 직원의 말이다.

"스물한 살에 안토니 바이네르를 만나서 10년 넘게 일하고 있습니다. 사장님이 스키장도 데리고 가고, 음식도 직접 해주시는 회사에 다니는 것을 행운이라고 생각합니다." 이정혜 직원의 말이다.

김원길 사장은 처음 견습공으로 일을 시작한 그날부터 지금까지 35년 동안 자신에게 일어난 일들이 촘촘히 생각나기 시작했다. "내가 세상에서 가장 행복한 사장이다.”

그는 인생에서 가장 중요하다고 생각하는 세 가지인 인생, 성공, 공부에 대해 명쾌한 정의를 내렸다. 오랜 고민 끝에 내린 그 정의에 대해 확신을 가지고 있고 그 확신대로 인생을 살아가고 있다.

가장 먼저 스무 살에 인생의 정의를 내렸다. 인생이란 자기 앞에 놓여있는 사다리를 오르는 것이다. 그 사다리는 끝이 없는 사다리다. 올라가기 싫으면 안 올라가도 된다.

하지만 스스로 인생을 살기 원한다면 올라야 한다. 나에게만 있는 게 아니라 모든 사람에게 사다리가 놓여 있다. 높이 올라간 사람이 돋보이게 된다. 혼신을 다해 사다리를 오르리라 다짐했다. 그 후로 서른다섯 살까지 15년 동안 진짜 열심히 살았다.

나 혼자만 너무 높이 올라와 있었다. 외로웠다. 그때부터 주변 친구들을 만나고 끌어올리기 시작했다.

성공의 정의는 직원들과 함께 내렸다. 직원들과 수차례 회의를 거치다 보니 성공의 여러 요소 중에 존경과 행복이라는 단어가 남았다.

존경받는 기업이 되기 위해서는 나눔과 베풂의 미덕이 있어야 한다. 직원들과 성공에 대한 정의를 내리고 나서는 보다 더 공격적으로 하기 시작했다.

안토니 회사가 매년 20%씩 성장하는 것처럼 사회공헌 비용 역시 꾸준히 증가시켰고 2011년에는 4억 5,000만원이 목표가 됐다.

4억 5,000만원. 연매출이 400억 원인 회사 규모로 보면 분명 큰돈이다.

그러나 돌아오는 것은 그보다 몇 배 더 크다. 물론 돈이 돌아오는 것은 아니다. 사회 이곳저곳으로부터 존경의 소리가 들린다.

그런 소리를 듣고 있으면 회사 안에 기쁨이 넘친다. 직원들은 사회에 좋은 일을 많이 하는 회사에 다니고 있다며 뿌듯해한다. 이게 행복이다. 베풀면서 존경받고 존경받으면서 행복하고. 회사 분위기를 그렇게 끌고 가다 보면 성공에 가까이 가고 있음을 깨닫게 된다.

공부의 정의를 세워라. 김원길 대표는 그는 세상이 필요로 하게 나를 갈고 다듬는 것이 진짜 공부라고 정의 내렸다. 그는 학교 공부는 많이 하지 않았다. 대신 사회생활과 성공에 필요한 공부는 더 많이 했다.

중요한 것은 무조건 공부를 많이 했느냐가 아니라 필요한 공부를 얼마나 많이 했느냐이다. 세상은 늘 변한다. 하지만 세상이 아무리 변해도 사람은 늘 필요하다. 그 흐름에 맞춰 세상이 나를 필요로 하게 만드는 작업이 공부다. 그중에서 나에게 가장 잘 맞는 것을 선택해 갈고 닦으면 그게 바로 진짜 공부이다.

그는 공부에 대한 정의를 아주 쉽게 내렸고 얼마 전부터 직원들과 공유하고 있다. 지금 이 순간에도 세상의 가치관과 삶의 스타일은 변하고 있다. 이 변화에 맞추고 꾸준히 공부하지 않으면 세상에서 밀려나가기 시작한다.

내가 필요하지 않으면 사회라는 관계에서 사라지고 만다. 진짜 공부를 해야 하는 이유는 명확하다. 그가 세운 공부에 대한 정의는 회사가 한 단계 더 치고 올라가는 동력 역할을 해주었다.

직원들은 이전보다 훨씬 더 노력하기 시작했고 회사는 현재 고도 성장기에 들어섰다. 고객에게 필요한 나, 고객에게 필요한 구두를 만드는 것을 삶의 맨 앞에 두기 시작하면서 구두 완성도가 한층 좋아졌다.

정의 내리고 나서는 실천하라. 아무리 좋은 말로 정의를 만들어도 실천하지 않으면 공염불에 불과하다. 정의하라. 그리고 실천하라. 이게 가장 확실한 성공의 방법이다.

김원길 대표는 최근 자전적 성공지침서《멋진 인생을 원하면 불타는 구두를 신어라》를 출판했다.

1등 이후를 준비하라. 사회가 필요로 하는 인재가 되라. 약속은 무조건 지켜라. 항상 씨앗을 뿌려라. 미래를 위해 새싹을 돌보라. 야망이 없는 청춘은 모두 유죄다. 땀 흘려 벌어서 멋지게 써라. 시도하지 않으면 아무것도 할 수 없다. 그의 책 내용 하나 하나가 주옥같다.

사업 초기 너무 힘들어 자살하려다가 마음을 고쳐먹고 죽을 각오로 노력하여 성공신화를 일군 김원길 사장.

다른 아이들에게 꿈과 희망을 줄 수 있는 위치에 있다는 게 너무 행복하다고 그는 외친다.

사장은 사원을 칭찬하고 사원은 사장을 칭찬하는 회사. 편한 구두로 매년 20%씩 성장하는 회사. 바로 '안토니'이다.

김원길 대표는 안토니 경영철학이자 직원들의 '꿈'인 '성공경영=행복지수 1등 기업'을 향해 많은 지원을 쏟고 있지만 정작 자신은 전셋집에서 노모를 모시고 살고 있다.

클릭이사람 명단

232

234

246

247

부록 1

경마공원 사람들 클릭인터뷰 명단

252

부록1

255

부록1

258

AD 피플

부록1

아름다운 실버

부록1

부록 2

지역 언론 3년차 미만 기자 대상 강의
– 인터뷰 기사의 흐름 및 지역적 적용

(한국언론재단은 2006년 4월 26부터 29일까지 대전
유성 아드리아 호텔에서 전국의 지역 언론 주간지 3
년차 미만 기자들을 대상으로 취재보도 관련 부문별
전문 실무연수교육을 실시했다. 당시 필자는 언론재
단 추천 인터뷰 전문 강사로 초빙되어 '인터뷰 기사
의 흐름 및 지역적 적용'을 주제로 강의를 했다. 강
의 내용을 지상강좌 형식으로 소개한다.)

반갑습니다. 인터뷰 신문 피플코리아(www.peoplekorea.co.kr)를 운영하는 김명수입니다. 전국을 돌아다니면서 끊임없이 인터뷰 대상자를 물색하고 섭외하고 인터뷰하고 글을 써서 피플코리아에 실어 세상에 알리는 일을 천직으로 해오고 있습니다.

20년 동안 신문사에서 근무했고 2002년 8월 경향닷컴 편집국장을 끝으로 신문사를 나와 그때부터 피플코리아를 운영해왔습니다. 신문사에 처음 입사한 1983년부터 피플코리아를 운영하고 있는 2006년 4월 27일 지금 이 시간까지 수없이 많은 글을 접해보면서 살아온 세월이었습니다.

그동안 인터뷰 전문기자로서 겪은 경험을 중심으로 강의를 진행해 나갈까 합니다.

얼마전 하인즈 워드가 다녀갔습니다. 미 슈퍼볼 MVP가 되기 전에는 그런 혼혈인선수가 미국에 있는지 없는지 관심도 없었는데, 어느 날 갑자기 MVP 되니까 우리나라가 떠들썩하게 그를 영웅대접 하느라 정신없었지요.

유럽 명문 축구 클럽 프리미어리그에서 뛰는 박지성 선수 요즘 잘나가지요. 언론들 매일 그를 따라잡느라 이리저리 춤을 춥니다. 박지성의 동작 하나 하나가 이슈가 되고 뉴스가 됩니다. 이름이 알려진 유명인사라면 언론은 해바라기처럼 찾아가 앞 다퉈 인터뷰하고 소개합니다. 하지만 속 내용을 보면 별것 없습니다. 모든 인터뷰 기사가 대부분 그런 식입니다.

하지만 제대로 인터뷰 기사를 쓰려면 내면을 봐야 합니다. 겉이 아니라 속을 봐야 합니다. 겉을 뒤집어 포장지를 뜯어내고 안을 들춰내야 합니다. 인터뷰 기자가 할 일이지요. 특히 여러분들이 해야 빛을 볼 수 있습니다.

서울의 중앙지기자들, 속보에 대단히 빠릅니다. 지방의 일간신문들도 마찬가지지요. 연합뉴스라는 막강한 통신사를 통해서 실시간으로 뉴스를 공급받으니 그럴 수밖에 없습니다.

그런 상황으로는 뉴스경쟁에서 주간지 기자들이 중앙 일간지 기자들을 따라가기 힘듭니다. 여기서 답이 나오지 않습니까. 박지성 선수가 골을 넣었다고 전국의 일간신문들이 지면에 대서특필할 때 박지성 선수를 주간신문에 실어봤자 빛을 보기 힘이 듭니다. 똑같은 사람을 똑같은 방식으로 인터뷰경쟁을 해서는 중앙지 기자를 당해낼 수가 없습니다.

차별화를 해야 살아남을 수 있습니다. 박지성 선수가 가장 한가한 비시즌에 그를 찾아가서 평소에 털어놓지 않은 이야기들을 듣고 그 내면을 인터뷰 하면 되겠지요.

하인즈 워드도 마찬가지입니다. 냄비근성으로 달아오르던 그 기간을 빼고 나중에 스케줄에 맞춰 차분하게 만나서 미주알고주알 다 들어보고 심층 인물 탐구로 하인즈 워드를 인터뷰하여 기존의 언론이 다룬 방식이 아닌 전혀 차별화된 내용으로 소개를 한다면 달리 보겠지요.

그런 인터뷰는 시간적으로 여유 있는 지역 신문이 가능합니다. 똑 같은 인물을 인터뷰 하더라도 일간 신문들이 기존에 다루지 않은 내용을 말해달라고 해서 차분하게 인터뷰 기사를 실어 보도하면 그 주간 신문은 틀림없이 세상의 주목을 받을 수 있습니다.

지금은 지방정부시대입니다. 외국 도시들과의 외교와 교류협력도 지방끼리 바로 합니다. 누구도 부인할 수 없는 지방정부 지방자치화 시대지요.

지방자치시대 지방신문, 그중에서도 지역 신문, 그중에서도 주간신문들의 몫이 커졌습니다.

요즘 입만 열면 국제화를 떠들어 대는데 국제화 따지고 보면 별것 아닙니다. 가장 한국적인 것이 국제화라고 생각합니다. 가장 한국적이고 가장 차별화된 것이 세계에서 먹혀들 수 있습니다. 가장 한국적이고 가장 그 지방 고유의 차별화로 경쟁력을 키워야 국제화에서도 대접을 받을 수가 있습니다. 안동의 하회 탈, 이천 도자기, 청양 장승, 청도 황소싸움, 부여 굿뜨레, 평창 파프리카 등이 그렇습니다.

그러기 위해서는 여러분들은 많은 사람을 만나고 많은 이야기를 들어야 합니다. 혼혈인이면서 국제가족 한국총연합회 회장인 배기철 씨는 이런 말을 합니다. 하인즈 워드가 한국에 와서 전 국민적 영웅 대접을 받는 현실이 기쁘기도 하지만 한편으로는 같은 혼혈인으로서 걱정이 된다는 것입니다.

한국에서 태어난 수천 명의 혼혈인은 그동안 어디 사람대접 한번 받은 적 있냐고 반문을 합니다. 한국에서 한국인으로 살아가는 혼혈인이야말로 정작 애국자가 아니냐고 말합니다. 심지어 워드 때문에 열등감으로 자살하는 혼혈인이 나오지 않을까 걱정이 된다고 합니다.

바로 여러분들이 그런 목소리를 담아야 하지 않을까 생각합니다. 결혼하는 9쌍 중 1쌍이 국제결혼인 시대에 살면서도 우리는 단일민족을 외치고 있습니다. 국제결혼을 하는 비율이 40%를 넘는 지역도 있는 실정입니다.

지역 언론의 중심인 주간지 신문에 종사하는 여러분들이 다원화 시대로 변화해가는 우리사회의 중심인물들을 끊임없이 발굴하여 인터뷰를 함으로 써 그들의 목소리를 통해 현재의 상황을 정확하게 조명하고 문제점을 찾아 내 대안을 제시하는 글을 쓰면 좋을 것이라는 생각이 듭니다.

지난 4월 국내 최대 규모인 파주 영어마을이 문을 열었습니다. 경기도 파주 통일동산에 무려 경기도가 800억 원이라는 거금을 쏟아부어 조성한 영어캠프입니다. 이곳의 원장 제프리 디 존스는 이색적인 말을 합니다.

한국인의 한국병이 사라지면 한국은 망한다고 합니다. 우리가 흔히 사라 져야 할 망국의 고질병이라고 입버릇처럼 말하는 한국병이 한국의 경쟁력 을 키우고 국제화의 지름길이며 21세기 세계 부국으로 뻗어나갈 수 있는 원동력이라는 것입니다.

왜 그런 말을 하는지 궁금하지요. 만나서 들어야 합니다. 똑같은 목소리 를 내는 사람들을 이름이 많이 알려졌다고 해서 똑같은 방식으로 찾아가 인터뷰 하는 것은 이제 너무 식상합니다. 그런 점에서 지역신문, 주간지 신 문은 앞으로 그 역할이 더욱 커질 수밖에 없다고 봅니다. 활짝 열린 지방자 치시대의 언론 주역은 바로 여러분들이기 때문입니다.

인터뷰 기자는 많은 사람들을 만나서 많은 얘기를 들어야 합니다. 내 주 장보다도 다른 사람의 이야기를 많이 듣고 많이 알아야 좋은 글을 쓸 수 있 습니다. 같은 내용이라도 다르게 생각해볼 줄 알아야 합니다.

우리 속담에 이런 말이 있지요. 오르지 못할 나무 쳐다보지도 말라는 말. 정말 그렇습니까? 아닙니다. 끝까지 오르려고 노력을 해야 합니다. 오르고 또 오르고 계속 오르는 노력을 해야 합니다. 오르지 못할 나무라고 미리 지 레짐작 겁먹고 포기하지 말고 끝없이 도전을 해야 합니다. 그렇게 직접 자신이 해보고 그리고 나서 안 되면 그때 가서 포기를 하면 되지요.

또 하나 예를 들면 안 될 성 싶은 나무는 떡잎부터 알아본다는 말이 있지요. 반대로 뒤집어 볼 수도 있는 말입니다. 사람은 수없이 변합니다. 대기만성도 있습니다. 미리 안 된다고 단정하지 말고 끝까지 지켜봐야 합니다. 사람은 더욱 그렇습니다. 어렸을 때 말썽 좀 피운다고, 몇 번 실수를 했다고 떡잎부터 싹둑 잘라내서는 안됩니다. 한 번 실수를 반면교훈으로 삼아 더 열심히 노력해서 얼마든지 훌륭한 사람이 될 수 있습니다. 인터뷰 기자들이 그런 가능성을 찾아서 세상에 알리면 우리사회는 지금보다 훨씬 더 밝고 건강한 사회가 되리라 생각합니다.

또 하나 신문이야기 좀 하겠습니다. 우리나라 신문을 보면 너무 어둡습니다. 사건 사고가 판을 칩니다. 제목도 전투적이지요. 요즘 5 · 31 지방선거를 앞두고 더욱 그렇습니다. 선거운동이 혼탁 과열 양상을 보일수록 신문에 등장하는 단어들도 더욱 과격해집니다.

중앙지 신문들이 특히 그렇습니다. 그런 신문들을 보면 우리나라에 희망이 보이지 않는다는 말도 자조적으로 합니다. 기분 좋아야 할 아침에 끔찍한 사건 사고 인신공격으로 얼룩진 내용을 보면 한마디로 기분이 가라앉는다는 것이지요. 신문을 읽고 싶은 생각은커녕 신문을 접어 던져버리고 싶다는 것입니다. 그래서 요즘 서울에서는 지하철 신문이 인기를 끌고 있습니다. 식상한 정치판 이야기, 끔찍한 사건사고 기사보다는 아기자기한 사람 사는 이야기가 많이 등장하기 때문입니다.

주간지 신문은 그 지방의 언론의 공기입니다. 인터뷰 기사를 많이 써야 합니다. 끊임없이 새롭고 참신한 사람을 찾아내서 소개해야 합니다. 어둡고 혼탁한 세상이 아니라 그래도 세상은 밝고 건강하고 살만한 가치가 있다는 것을 알려야 합니다. 그런 사람을 만나고 그런 사람들의 이야기를 들어서 세상 사람들의 모델을 만들어줘야 합니다. 그 지방 사람들에 대해서는 그 지방 신문들이 가장 잘 알고 있지 않습니까. 바로 여러분들이 주인 아닙니까. 중앙지 기자들 아무리 뛰고 날라봤자 여러분들이 활동하고 있는 여러분들의 지역 사람들 여러분만큼 모릅니다.

좋은 인터뷰 기사는 미사여구가 화려한 것이 아닙니다. 문장이 좋아서 좋은 기사가 아닙니다. 문장도 좋아야 하지만 내용이 있어야 합니다. 알맹이가 있어야 한다는 말이지요. 그 사람만이 가지고 있는 알맹이를 찾아내서 정확하게 전달해야 합니다.

제가 인터뷰한 사람 중에 쇠를 먹는 초능력 인간이 있습니다. 김승도 씨라고 그분은 하루에 한 근씩 쇠를 먹어 세계 기네스기록을 3개나 보유한 사람입니다. 수십 번 신문에 인터뷰 기사가 실리고 방송을 연례행사처럼 타지만 내용을 보면 언제나 천편일률적으로 쇠를 먹는 괴력의 사나이라고만 소개합니다.

하지만 그는 사실 쇠를 먹는 것보다도 더욱 놀라운 재주를 가지고 있습니다. 그것은 바로 우리 것을 소중히 알고 우리민족의 뿌리찾기운동을 활발히 벌이고 있다는 것입니다. 일례로 세계 최첨단의 본산이라 할 수 있는 미국 나사 우주본부에 해마다 초청받아 벌써 3년째 우리 민족의 전통 뿌리 강연을 해오고 있습니다. 한국에서조차 우리것이 뿌리째 사라지는 판에 세계 최첨단의 메카인 우주본부에서 우리 민족 경전을 가지고 뿌리찾기 강연을 하다니 참으로 아이러니 한 일이지요.

여러분들이 똑같은 사람을 인터뷰하더라도 일간 신문들이 찾아내지 못하는 내용을 담아냈으면 좋겠습니다. 갈수록 분권화가 심해지는 지방자치 시대에 우리사회를 밝고 건전하게 할 수 있는 언론의 블루오션이 바로 여러분들, 주간지 기자들이라고 생각합니다.

인터뷰 기자는 몇 가지 재능이 있어야 합니다. 우선 인터뷰대상이 될 사람을 찾아내야 합니다. 그리고 섭외를 해야 합니다. 그리고 인터뷰를 할 때 그 사람의 심중을 꿰뚫어 내는 능력을 가져야 합니다. 그리고 나서 가장 엑기스를 글로 담아내야 합니다.

모두 쉽지 않은 일이지요. 특히 요즘은 인터뷰하겠다고 해도 별로 대단하게 생각하지 않습니다. 서울의 중앙일간지에 인터뷰 기사가 실린다고 해도 싫다고 하는 사람들이 많습니다. 그만큼 시대가 달라지고 변화했다는 증거입니다. 그래도 어떻게 해서라도 인터뷰를 해야 할 이유가 있다면 해야겠지요. 그건 여러분들의 몫입니다. 제 경험을 예로 들어보겠습니다.

대한민국에서 인터뷰를 안하기로 소문난 CEO가 있었습니다. 비서실을 통했더니 한마디로 거절을 하더군요. 그 어떤 신문 방송 잡지와도 인터뷰를 안하는 것을 원칙으로 한다는 것입니다. 홍보실을 통해서도 비서실을 통해서도 같은 대답이었습니다. 그러나 그냥 물러설 내가 아니었지요.

비서실을 통해서 메일을 알아냈습니다. 나이 60이 넘은 원로 경영인이 메일을 볼 리가 없지요. 일단 알아낸 메일로 정성을 다해 글을 써 보냈습니다. 그리고 비서에게 전화를 걸었습니다.

회장님에게 메일을 보냈으니 비서가 뽑아서 회장님께 전달해 달라고 했습니다. 그랬더니 일주일쯤 지나서 전화가 왔습니다. 회장이 직접 걸었더군요. 만나서 점심이나 하자는 것이었습니다. 기회를 일단 잡았지요. 만나서 이런 저런 이야기를 하다가 결국은 인터뷰를 무사히 마칠 수가 있었습니다. 그리고 지금까지 그 회장은 저를 아주 특별한 기자로 기억하고 있습니다. 무슨 내용을 썼는지 궁금하시죠. 바로 이런 내용입니다.

"회장님은 사원들로부터 가장 인간적인 회장으로 통하는 것으로 알고 있습니다. 저도 회장님처럼 가장 인간적인 인터뷰 기자로 인정받고 있는 사람입니다. 가장 인간적인 기자가 가장 인간적인 회장님을 만나 인터뷰를 하고 싶습니다. 회장님의 인터뷰 기사가 실리면 밝고 건전한 세상을 만드는데 힘이 되리라 생각하기 때문입니다. 저의 인터뷰요청을 거절하셔도 상관없습니다. 하지만 거절하신다면 그 이유를 말씀해 주시면 고맙겠습니다. 가장 인간적인 회장님이기 때문에 거절하는 이유는 설명해 주실 것으로 알고 있습니다. 하지만 꼭 회장님의 인터뷰를 하고 싶은 것이 솔직한 저의 심정입니다. 그럼 변함없이 건강하시고 좋은 하루 되십시오. 밝고 건전한 세상이 되기를 간절히 소망하는 인터뷰 전문기자 김명수."

여러분들은 앞으로 근무할 일이 많습니다. 모두 멋진 인터뷰 기자가 되기를 소망합니다. 감사합니다.

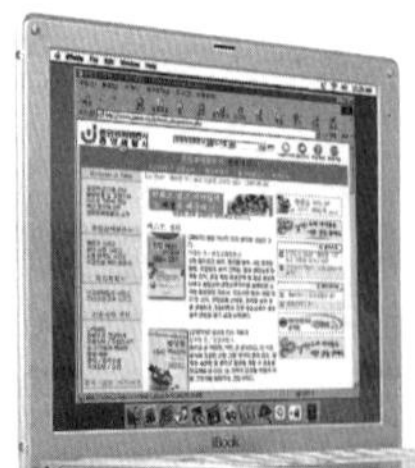

중 앙 생 활 사
중앙경제평론사

Joongang Life Publishing Co./Joongang Economy Publishing Co.

중앙생활사는 건강한 생활, 행복한 삶을 일군다는 신념 아래 설립된 건강 · 실용서 전문 출판사로서 치열한 생존경쟁에 심신이 지친 현대인에게 건강과 생활의 지혜를 주는 책을 발간하고 있습니다.

인터뷰 잘 만드는 사람

초판 1쇄 인쇄 | 2012년 5월 17일
초판 1쇄 발행 | 2012년 5월 22일

지은이 | 김명수(Myeongsoo Kim)
펴낸이 | 최점옥(Jeomog Choi)
펴낸곳 | 중앙생활사(Joongang Life Publishing Co.)

대　　　표 | 김용주
책 임 편 집 | 정두철
본문디자인 | 이여비

출력 | 영신사　종이 | 타라유통　인쇄 · 제본 | 영신사

잘못된 책은 바꾸어 드립니다.
가격은 표지 뒷면에 있습니다.

ISBN 978-89-6141-094-6(13800)

등록 | 1999년 1월 16일 제2-2730호
주소 | ㉾100-826 서울시 중구 다산로20길 5(신당4동 340-128) 중앙빌딩 4층
전화 | (02)2253-4463(代)　팩스 | (02)2253-7988
홈페이지 | www.japub.co.kr　이메일 | japub@naver.com | japub21@empas.com
♣ 중앙생활사는 중앙경제평론사 · 중앙에듀북스와 자매회사입니다.

▶홈페이지에서 구입하시면 많은 혜택이 있습니다.

※ 이 도서의 국립중앙도서관 출판시도서목록(CIP)은 e-CIP 홈페이지(www.nl.go.kr/cip.php)에서 이용하실 수 있습니다.(CIP제어번호: CIP2012001807)